历史穿越报

乞丐天子
朱元璋
叫花子也能当皇帝

冰心儿童图书奖获得者 **彭凡** 著

化学工业出版社
·北京·

前言

　　如果你想了解一个人，就和他一起吃饭、聊天、逛街，关注他的朋友、他的敌人，以及他周围的一切。可是……

　　如果他是一位古代帝王，该怎么办？

　　很简单，坐上我们的时光机，回到他生活的年代，和他一起吃饭、聊天、逛街，关注他的朋友、他的敌人，以及他周围的一切。

　　当你回到古代，你会发现，原来古人也和我们一样，也要工作、学习和娱乐，也爱美食、八卦和明星。

　　你会发现，你想了解的人，也正是大家热烈讨论的那个人。

　　你会发现，当时的好多新闻、八卦都与他有关。

　　你会发现，就连广告中也处处有他的身影呢。

　　武则天刚刚发布了一则公告，要在全国进行大改革，年号要改，旗帜要改，衙门名称、官职名称等都要改，连都城的名字也要改，话说她这是要登基当女皇的节奏吗？

　　朱元璋正在招兵买马，小编穿穿刚好会几招三脚猫功夫，要不要报名去试试？

　　一个通讯员告诉我们，李世民又和魏征在大殿上争得面红耳赤了，我们要不要偷偷把这个镜头拍下来呢？

......

现在，你是不是迫不及待想回到古代，在第一时间内了解这些新闻和八卦呢？别急，我们已经派人穿越了，将你想知道的一一记录下来，刊登在《历史穿越报》上。

这套《历史穿越报》一共十本，分别详细记录了汉武帝、唐太宗、武则天等十位帝王的成长历程。每本《历史穿越报》有十二期，一月一期。每期报纸中都有五花八门的新闻、八卦、访谈、广告、漫画，让你目不暇接。

我们的记者队伍非常庞大，分布在全国各地。有一部分人喜欢专门记录重大事件，我们将这些稿件放在"叱咤风云"栏目。

我们还有一批勤奋的通讯员，每天穿梭在各大茶馆。他们可不是去喝茶哦，而是为了搜集百姓的八卦、言论，给"百姓茶馆"栏目准备素材。

我们还设立了一个"鸿雁传书"栏目，古人有什么困扰、烦恼，统统都可以通过来信告诉我们，小编穿穿会一一耐心回复哦！

我们还有一位大嘴记者，名叫越越，专门负责采访当时最杰出或者最有争议的人物。他是一个胆大包天的家伙，就算是皇帝也要刁难一下，古人们可要做好准备了！

当然，我们还有"广告铺"栏目，欢迎大家刊登广告，价格从优哦！

最后，希望大家在看完这份报纸后，不仅能读懂帝王们的一生，还能从中获得知识、经验与勇气，让我们的穿越功夫没有白费。

第1期　惨就一个字

【烽火快报】两场骨灰级的灾难……………………………………… 11
【叱咤风云】朱家的苦命娃——石人一只眼，挑动黄河天下反 … 12
【百姓茶馆】受尽欺负的汉人……………………………………… 16
【鸿雁传书】到底要不要反？……………………………………… 17
【名人有约】特约嘉宾：朱重八……………………………………… 19
【广告铺】卖田公告——判决书——澄清关于白莲教的谣言…… 21

第2期　逼上梁山结良缘

【烽火快报】濠州抓到一个"奸细"………………………………… 23
【叱咤风云】小和尚做了大元帅的女婿——招兵买马…………… 24
【鸿雁传书】到底该不该单干？…………………………………… 26
【百姓茶馆】红巾军也有好的和坏的……………………………… 31
【名人有约】特约嘉宾：郭子兴……………………………………… 32
【广告铺】希望大家多多支持《三国演义》——欢迎大家前来购买
　　　　《水浒传》——红巾军军歌……………………………… 34

第3期　南京！南京！

【烽火快报】朱元璋攻破滁州……………………………………… 36
【叱咤风云】和州混战风——下一个目标：集庆！——朱家军为
　　　　　什么这么厉害？…………………………………………… 37
【鸿雁传书】郭天叙凭什么当元帅…………………………………… 40
【百姓茶馆】朱元璋手下的大将们…………………………………… 44
【名人有约】特约嘉宾：朱元璋……………………………………… 47
【广告铺】征召儒士——不许掳掠，违禁者死……………………… 49
【智者为王】第1关 …………………………………………………… 50

第4期　两个强邻

【烽火快报】朱元璋的两个强邻……………………………………… 52
【绝密档案】张士诚为什么被招安？——陈友谅的发家史………… 53
【鸿雁传书】先打张士诚，还是先打陈友谅………………………… 58
【百姓茶馆】陈、朱、张三人中，你最看好谁？…………………… 60
【叱咤风云】隐士刘基出山了——龙湾之战，朱元璋大败陈友谅… 61
【名人有约】特约嘉宾：张士诚……………………………………… 66
【广告铺】士兵也要种地——松江百姓可用布代替秋粮…………… 68

第5期　血染鄱阳湖

【烽火快报】安丰告急，朱元璋救还是不救？⋯⋯⋯⋯⋯⋯⋯⋯⋯⋯ 70
【叱咤风云】陈友谅来复仇了！——鄱阳湖，最后的决战！⋯⋯ 71
【鸿雁传书】不怕死的张子明⋯⋯⋯⋯⋯⋯⋯⋯⋯⋯⋯⋯⋯⋯⋯⋯⋯ 74
【百姓茶馆】陈友谅为什么失败⋯⋯⋯⋯⋯⋯⋯⋯⋯⋯⋯⋯⋯⋯⋯ 79
【名人有约】特约嘉宾：陈友谅⋯⋯⋯⋯⋯⋯⋯⋯⋯⋯⋯⋯⋯⋯⋯ 80
【广告铺】对康茂才的表扬公告——废除陈友谅的苛政——谁能
　　　　　将镂金床熔为黄金⋯⋯⋯⋯⋯⋯⋯⋯⋯⋯⋯⋯⋯⋯⋯⋯ 82

第6期　俩吴王的决战

【烽火快报】朱元璋终于称王了⋯⋯⋯⋯⋯⋯⋯⋯⋯⋯⋯⋯⋯⋯⋯ 84
【鸿雁传书】朱元璋赏赐不公，我要跳槽⋯⋯⋯⋯⋯⋯⋯⋯⋯⋯⋯ 85
【叱咤风云】细数那些背叛过朱元璋的人——除掉第二个邻居张士
　　　　　　诚——小明王在瓜步淹死了⋯⋯⋯⋯⋯⋯⋯⋯⋯⋯⋯ 86
【百姓茶馆】小明王到底是怎么死的⋯⋯⋯⋯⋯⋯⋯⋯⋯⋯⋯⋯⋯ 94
【名人有约】特约嘉宾：朱元璋⋯⋯⋯⋯⋯⋯⋯⋯⋯⋯⋯⋯⋯⋯⋯ 95
【广告铺】求能长期合作的茶商——禁止非法私营茶叶——江浙地
　　　　　区的赋税高于其他地区⋯⋯⋯⋯⋯⋯⋯⋯⋯⋯⋯⋯⋯⋯ 97
【智者为王】第2关⋯⋯⋯⋯⋯⋯⋯⋯⋯⋯⋯⋯⋯⋯⋯⋯⋯⋯⋯⋯ 98

第7期　他当上了皇帝

【烽火快报】朱元璋称帝了…………………………………………… 100
【绝密档案】当皇帝还要再三推让？…………………………………… 101
【百姓茶馆】新皇帝跟朱熹是亲戚？…………………………………… 105
【叱咤风云】轰轰烈烈的北伐战争——被炮烙的元朝大将……… 106
【鸿雁传书】常遇春是被吓死的吗……………………………………… 110
【名人有约】特约嘉宾：妥欢帖睦尔…………………………………… 111
【广告铺】关于官员乘车乘轿的规定——告前朝官兵………… 113

第8期　富贵不忘本

【烽火快报】论功行赏，李善长为开国第一功臣………………… 115
【绝密档案】刘基的爵位为什么比别人低？………………………… 116
【叱咤风云】一口气封了九个亲王——公认节俭的好皇帝——"对弈楼"为何改名"胜棋楼"……………………………… 118
【百姓茶馆】"文盲"皇帝也会作诗…………………………………… 123
【鸿雁传书】皇帝有点小心眼儿………………………………………… 124
【名人有约】特约嘉宾：朱元璋………………………………………… 127
【广告铺】推行义务教育——移民告示——关于设立社学的诏书… 129

第9期　剥了贪官的皮

【烽火快报】剥了贪官的皮……………………………………………… 131
【叱咤风云】一个空印引发的重案——郭桓贪污案，三万多人被

目录

　　　　　　杀——袁凯装疯卖傻吃"狗屎" ··············· 132
【鸿雁传书】为道县令申冤 ······················· 134
【百姓茶馆】百姓也能抓贪官 ····················· 135
【名人有约】特约嘉宾：朱元璋 ··················· 142
【广告铺】招造船工匠两百名——关于科考的一些规定——国子监
　　　　　生每天背诵《大诰》一百字 ············· 144
【智者为王】第3关 ···························· 145

第10期　丞相是多余的

【烽火快报】丞相胡惟庸造反了 ··················· 147
【绝密档案】胡惟庸造反的前因后果 ················ 148
【百姓茶馆】皇权到了顶峰 ······················· 151
【叱咤风云】十年后，李善长还是被杀了 ············· 152
【鸿雁传书】我要为李善长申冤 ··················· 155
【名人有约】特约嘉宾：李善长 ··················· 156
【广告铺】各位教官们听着——土地普查诏书——京师国子监落成
　　　　　公告 ····························· 158

第11期　为子孙除刺

【烽火快报】太子朱标病逝了 ····················· 160
【绝密档案】仁太子也敢跟皇帝叫板 ················ 161

【叱咤风云】蓝玉到底有没有造反…………………………… 163
【百姓茶馆】武人们生错年代了………………………………… 166
【鸿雁传书】我反对嫡长子制度………………………………… 167
【名人有约】特约嘉宾：朱允炆………………………………… 168
【广告铺】关于国子监生请假规定——不设武举的原因——赵麟"毁辱师长"，杀无赦……………………………… 170

第12期　一代贤后

【编辑导读】她是一个好妻子……………………………… 172
【叱咤风云】马皇后救了宋濂一命——马皇后为什么拒绝看大夫？大脚皇后背丈夫，"救"儿子一命——皇帝驾崩了… 173
【百姓茶馆】马皇后救过的那些人……………………………… 175
【鸿雁传书】可怕的殉葬制度…………………………………… 183
【文化广场】"露马脚"的由来………………………………… 184
【名人有约】特约嘉宾：马皇后………………………………… 185
【广告铺】为人才解除生活之忧——遗言——重刑犯赦免令…… 187
【智者为王】第4关………………………………………………… 188

智者为王答案 ……………………………………………… 189
朱元璋生平大事年表 ……………………………………… 191

第 1 期
公元1344年—公元1352年

惨就一个字

朱元璋 篇

穿越报
CHUANYUE BAO

【烽火快报】
- 两场骨灰级的灾难

【叱咤风云】
- 朱家的苦命娃
- 石人一只眼，挑动黄河天下反

【名人有约】
- 特约嘉宾：朱重八

【广告铺】
- 卖田公告
- 判决书
- 澄清关于白莲教的谣言

穿越必读 CHUANYUE BIDU

元朝末年，国家发生了两场毁灭性的灾难，一是黄河决堤，二是淮河两岸发生旱灾和瘟疫。朝廷不管百姓的死活，老百姓只好自寻生路，于是，一场轰轰烈烈的红巾军起义爆发了，而朱元璋就是这时候参加了起义军。

FENGHUO KUAIBAO 烽火快报

两场骨灰级的灾难
——来自黄河与淮河的加密快报

公元1344年,国家发生了两场骨灰级的灾难。一是黄河决堤了,二是淮河两岸发生了特大旱灾和瘟疫!

对于黄河决堤,元朝朝廷有两种不同意见,一种是坚决要修,其中支持的人包括宰相脱脱;还有一种是坚决不修,因为修黄河河堤可不是一个小工程,一旦修起来,免不了劳民伤财,而且现在政局不稳,把那么多百姓聚集在一起,实在是不安全,还不如让黄河泛滥去吧,反正再怎么泛滥,也淹不着皇宫。

面对这两种意见,元顺帝也不知道该怎么办,就把这事儿给搁置起来了。

而对淮河两岸的灾情,朝廷倒是拨了一些赈灾款,可惜底下官员腐败,一层层克扣,最后发到灾民手里,也没剩几个铜板。百姓们饿得嗷嗷叫,一个个眼巴巴地盼着朝廷加大赈灾力度,可朝廷才不管呢,反正赈灾款已经发了,是死是活,就看他们自己的造化啦。

八百里加密快报!

叱咤风云 CHIZHA FENGYUN

朱家的苦命娃

朝廷不管不顾，淮河两岸的旱灾和瘟疫继续蔓延，到处都是饿死、病死的人。有的一死就是一家，还有的一死就是一个村落，地上摊着尸体，树上挂着尸体，河上还漂着尸体……那场面真是惨不忍睹。

濠州的钟离县（今安徽省凤阳县）有一户姓朱的人家，本来家里人丁兴旺，有三个儿子，可不出半个月，家里就死了四口人。先是爸爸死了，接着大儿子死了，再接着大儿子的长子死了，紧接着，妈妈也死了。

总之，就一个字——惨！

如今，家里的顶梁柱就只剩二儿子朱重六和小儿子朱重八。兄弟二人对着一地亲人的尸体，没钱买棺材，连块安葬的地方都找不到，只能抱头痛哭。

邻居刘继祖见他们家这么惨，就动了怜悯之心，给了他们一块地。兄弟二人感激不尽，又是磕头，又是谢恩，然后拖着这四具尸体，去地里埋葬。没有棺材，没有寿衣，连块破草席都没有，只好随便挖了个坑葬了他们。

正埋着，突然轰隆一声，一个炸雷劈来，将兄弟二人吓得一蹦三尺高。接着，大雨哗啦啦地下起来，二人只好去树下躲雨。好不容易雨停了，兄弟俩想继续干活，走到跟前一看，傻眼

叱咤风云

CHIZHA FENGYUN

了，尸体不见了！

原来，这块地刚好在山脚下，刚才山洪暴发，把山坡上的土冲下来，刚好将尸体埋进去了。

兄弟俩伤心地趴在地上，对着这个天然的坟墓又大哭了一场。

哭完了，该怎么办？

去投奔亲戚？可亲戚也差不多都死光了，没死的也自身难保。

自力更生？放眼望去，除了光秃秃的黄土地，什么也看不到了。草根吃完了，树皮啃光了，连观音土都被刨得干干净净。

难道只能坐着等死吗？

十七岁的朱重八还年轻，还不想死，他想来想去，想到最后一个办法——当和尚！

当和尚虽然也苦，但好歹能混口饭吃，不至于被活活饿死。

于是，朱重八两手空空地遁入了空门，去皇觉寺做了小沙弥。

乱世艰难啊！

叱咤风云 CHIZHA FENGYUN

石人一只眼，挑动黄河天下反

关于黄河河堤要不要修的问题，朝廷讨论了六年，总算讨论出结果来了——修！于是，十七万民工被派到黄河去修河堤。

百姓们本来好好地在家里耕田种地，现在却因为上头的一句话，就要丢下锄头，去黄河做苦工，累死累活，还拿不到几个工钱。这也就算了，最可恨的是，官员根本不把民工们当人看，起得比鸡早，睡得比狗晚，吃得比猪差，干得比驴多。监工们稍不顺心，皮鞭就像雨点一样落下来。有人被打死了、打残了，家人一文钱的赔偿金都拿不到，有些甚至连尸体都领不到。

饶命啊，大人！

叱咤风云 CHIZHA FENGYUN

民工也是人，也需要被善待，于是他们一个个心中暗暗藏着怒火，只等爆发。

这时，一首歌谣流传开来："石人一只眼，挑动黄河天下反。"刚开始，民工们只知道相互传唱，不是很懂里面的意思，直到公元1351年，民工们在干活的时候，真的挖出了一个只有一只眼睛的石人！

黄河边上的民工们沸腾了，他们总算明白了"石人一只眼，挑动黄河天下反"的意思，那就是当一只眼睛的石人出现时，就到了造反的时刻！那还犹豫什么？兄弟们，这是上天的旨意，反了吧！

当年，颍州（今安徽省阜阳市）的刘福通和韩山童造反了！

接着，蕲（qí）州（今湖北省蕲春县西南）的徐寿辉也反了！

第二年，也就是公元1352年正月，定远的郭子兴和孙德崖也起义了，并迅速攻下濠州！

起义军们一个个头裹红巾，被称为"红巾军"。红巾军信奉的是白莲教，也就是明教。它宣传的理念是"推翻黑暗的旧世界，迎接光明的到来"。这样一来，便吸引了很多生活在水深火热中的贫苦百姓纷纷入教。

朝廷曾经为了遏制白莲教的势力，三番五次派军镇压，可镇来镇去，教徒反而越来越多。终于，最令朝廷担心的事情发生了，趁这次修黄河河堤的机会，白莲教公然造反了！

如今，星星之火已成燎原之势，全国各地纷纷冒出红巾军，起义的火焰正燃烧着整个华夏大地。

百姓茶馆 BAIXING CHAGUAN

受尽欺负的汉人

哈哈,造反了,终于造反了,我早就盼着这一天啦!可恶的元朝官府从来不把我们当人看,还把人分成四等。蒙古人为第一等,色目人(编者注:色目人是来自中亚、西域的人)为第二等,汉人、契丹人、女真人为第三等,南人(编者注:南宋治理下的汉人)为第四等。这些年我们受的欺负真是够多了,就等哪一天把他们赶回草原去!

私塾王先生

刘书生

是啊,人分四等,连法律都不公平。汉人偷了东西,要在脸上刺字,蒙古人和色目人就不用。汉人打蒙古人,一定会受到重罚,打死了必须偿命;可蒙古人打汉人,汉人却不能还手,打死了,蒙古人顶多交些罚款就行了。

自古以来都是"王子犯法与庶民同罪",元朝官府搞这一套,把各民族分为不同等级,残酷剥削压迫,真让人无法忍受!

官府早知道我们心里有怨气,所以一直防着我们呢。他们不许我们习武、打猎、持兵器,不许我们养马,不许我们集会,晚上不许我们出门,怕的就是有一天我们造反。可他们千防万防,最后还是没能防住。哈哈,等着瞧吧,不受欺负、扬眉吐气的日子就要到来了!

周进士

鸿雁传书

到底要不要反？

穿穿老师：

您好，我叫朱重八，是皇觉寺的一个和尚。前不久一个叫汤和的朋友写信给我，说他已经加入了郭子兴的红巾军，做了千户长，还邀我跟他一起造反。收到信我吓了一跳，造反这种事情搞不好是要掉脑袋的呀，我才不干呢，赶紧把信烧掉了。

可当天晚上，一个师兄跟我说，有人发现我与起义军私通信件，准备去官府告发我，我当时就被吓蒙了，后来好不容易理清头绪，仔细分析了一下自己的境况，发现现在只有两条路可走：第一条路，反了算了，可搞不好要掉脑袋；第二条，不反，可万一官府治我个"勾结叛匪"的罪名，还是要掉脑袋。

这样看来，反也是死，不反也是死，您说我到底该怎么办？要不逃跑算了。

朱重八

朱重八：

您好。这种生死攸关的大问题，我们也不敢贸然给您出主意，要不您去找周德兴给您出出主意？他与汤和都是从小跟您一起长大的好兄弟，如今您遇到两难的抉择，他一定会尽力帮助您的。

《穿越报》编辑 穿穿

【朱重八真的去找了周德兴，周德兴建议他卜一卦，卦象显示，逃跑和留在寺庙里都不吉利，冒险造反反而会有一线生机，于是朱重八就去投奔了红巾军。】

嘻哈园 XIHA YUAN

MINGREN YOU YUE 名人有约

越越 大嘴记者

朱重八 特约嘉宾

嘉宾简介： 朱重八，二十五岁，皇觉寺的和尚。家里三代贫农，小时候给地主家放过牛，结识了一堆同为放牛娃的铁哥们，如汤和、周德兴、徐达等。十七岁那年，一场饥荒和瘟疫几乎夺走了他全家的性命，为了活命，他不得不去皇觉寺当了和尚。如今一晃八年过去了，朱重八也从一个穷苦少年，渐渐长成了有志的热血青年。

越　越：朱重八先生，您好，听说您打算去投奔郭子兴元帅，是吗？

朱重八：嘘，你小声点，想害我被砍头吗？

越　越：额，对不起，那咱们换个安全点儿的话题吧。请问您在皇觉寺里的这些年过得怎么样？

朱重八：唉，当初进皇觉寺当和尚，不过是为了混口饭吃，可进去后才发现，和尚的饭也不是这么好混的。

越　越：怎么说？

朱重八：皇觉寺是个穷庙，没那么多闲钱养那么多和尚，要想吃饭，就得干活儿，尤其我这种刚刚进去的新和尚，得一天到晚做苦工，别人吃好的，我啃窝窝头，有时连窝头都没的啃。有时饿得没力气，干活不利索，那些和尚就打我骂我……

越　越：唉，看来您在皇觉寺受的委屈还真不少啊！不过呢，往好处想一想，能有口饭吃，不至于像别人一样被活活饿死就不错啦！

朱重八：是啊！可就算是这样的日子，也没过多久。没几个月，皇觉寺的粮食也都被吃光了，没办法，我只好和师兄弟们到处去化缘，一走就是四年。

越　越：也就是说，您做了四年游方僧。

 # 名人有约

朱重八：嗨，什么游方僧，其实就跟乞丐差不多，拿着一个破瓦钵，一户一户地敲门讨吃的，遇上心肠好的人家，也许能讨到点吃食，有些讨厌和尚的人家，干脆关门放狗，你看你看，我腿上这道疤就是被狗咬的，还有这道、这道……

越　越：哟，这疤还真够深的，看来您这些年真是吃了不少苦啊！

朱重八：是啊！白天讨饭，晚上就睡在荒山野岭里，睡觉时也提心吊胆，生怕被野狼拖走。唉，不说了，说多了都是泪啊！

越　越：还好一切都已经过去了。我们相信，将来您跟着郭子兴元帅一定能有一番大作为。

朱重八：希望如此吧。

越　越：对了，说起红巾军，有一件事我一直不大明白，当初"石人一只眼，挑动黄河天下反"的歌谣传遍天下，后来没过多久，河工们就真的挖出一个一只眼的石人，这也太凑巧了吧！不好意思我是无神论者，从来不相信什么"上天的旨意"。

朱重八：其实我也是。

越　越：啊？

朱重八：（笑）虽然我是个和尚，可我从来不相信什么神佛之说。对于你刚才问的，为什么河工刚好挖出一个一只眼的石人，我认为只有一种解释，那就是那尊石人是有人事先埋进去的，而且之前传播的"石人一只眼，挑动黄河天下反"歌谣，也是他们编的！他们之所以这么做，是为了给造反找个光明正大的理由。

越　越：原来如此，那你认为他们是谁？

朱重八：你说最先造反的是谁？

越　越：刘福通和韩山童？

朱重八：（笑而不语）

越　越：（意味深长）好的，我明白了，多谢朱重八先生提点。那我就不打扰您了，您早点休息，养足精神，明天好去见郭子兴元帅。

朱重八：好的，越越再见，后会有期。

越　越：后会有期。

广告铺

卖田公告

战争一天不结束，百姓就一天不得安宁，因此我打算去参加红巾军，与大伙儿同心协力推翻腐朽的元朝政府。我家里还有五十亩良田，我走之后就无人耕种了，因此想低价卖出去，有意者快来与我联系吧！

周家村富农周平

判决书

关于蒙古人巴特尔失手打死汉人赵三六一案，按照大元律法，巴特尔赔偿赵三六的家人一头小驴，从此恩怨两清，赵三六的家人不得再纠缠。

颍州官府

澄清关于白莲教的谣言

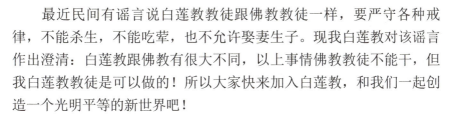

最近民间有谣言说白莲教教徒跟佛教教徒一样，要严守各种戒律，不能杀生，不能吃荤，也不允许娶妻生子。现我白莲教对该谣言作出澄清：白莲教跟佛教有很大不同，以上事情佛教教徒不能干，但我白莲教教徒是可以做的！所以大家快来加入白莲教，和我们一起创造一个光明平等的新世界吧！

白莲教教众

穿越报
CHUANYUE BAO

第 2 期
公元1352年—公元1354年

逼上梁山结良缘
朱元璋 卷

【烽火快报】
- 濠州抓到一个"奸细"

【叱咤风云】
- 小和尚做了大元帅的女婿
- 招兵买马

【名人有约】
- 特约嘉宾：郭子兴

【广告铺】
- 希望大家多多支持《三国演义》
- 欢迎大家前来购买《水浒传》
- 红巾军军歌

穿越必读 CHUANYUE BIDU

朱元璋离开皇觉寺后，投奔了濠州的红巾军统率郭子兴，一个穷和尚摇身一变，变成了郭子兴手下的得力将领，还娶到了郭子兴的干女儿。可朱元璋并没有满足于此，很快他便发现在濠州的这帮人心胸狭隘，成不了大器，于是他脱离濠州，开始单干。

FENGHUO KUAIBAO 烽火快报

濠州抓到一个"奸细"
——来自濠州的加密快报

公元1352年，濠州传来一个消息，说士兵在城下抓到一个元军的奸细，不过后来发现是虚惊一场，原来所谓的奸细不是别人，正是前来投军的朱重八。事情的经过是这样的：那天士兵们正在巡逻，这时，一个穿着破破烂烂的年轻和尚走了过来。

一个士兵警觉地问："你是谁，来干什么？"

"我叫朱重八，是来投军的。"朱重八说。

守城的士兵一听怒了，濠州城已经被元军重重包围了，而这时候来投军，当他们是傻子吗？这和尚肯定是元军的奸细！

"我不是奸细，我是来投军的。"朱重八坚持说。

就这样，一个坚持说对方是奸细，另一个坚持说自己不是奸细，正在吵吵闹闹间，郭子兴来了。郭子兴见这个和尚长得不凡，谈吐也不凡，不像奸细，倒像一个能干大事的人，就把他留下来，做了亲兵长。

濠州的加密快报！

叱咤风云 CHIZHA FENGYUN

小和尚做了大元帅的女婿

郭子兴没有看错,这个叫朱重八的小和尚果然是一支潜力股。

每次冲锋陷阵,朱重八都第一个上,而每次撤退,他都心甘情愿地留下来垫底。朱重八不仅勇猛,还很有战略眼光,帮郭子兴打了不少胜仗,很快在红巾军中冒了尖儿。军中上上下下的人都很喜欢他,郭子兴也很喜欢他。

朱重八还给自己改了个名字,叫朱元璋。朱同"诛",是诛灭的意思。璋,是一种尖锐的玉器,朱重八给自己改名叫朱元璋,是将自己比作诛灭元朝的利器,表达了他要与元朝死磕到底的决心!

有了朱元璋这样的人才,郭子兴乐得合不拢嘴,心想多拉拢拉拢这人才行。

怎么拉拢呢?最好的办法就是把他变成自家人!于是,郭子兴想到了联姻。可他的女儿还小,不到嫁人的年纪,怎么办?没关系,他还有一个义女叫马秀英,今年二十一岁,与二十五岁的朱元璋年龄正好相当。

事不宜迟,郭子兴很快为两个年轻人举办了婚礼。就这样,朱元璋从一个一无所有的小和尚,摇身一变成了大元帅的女婿,可把大家羡慕坏了。

叱咤风云
CHIZHA FENGYUN

郭子兴有两个儿子，一个叫郭天叙，另一个叫郭天爵。这两人没什么本事，整天就知道仗着老爹的势力耍威风。他们见朱元璋春风得意，心里很不舒服，生怕将来兵权落到他手里，于是想着法儿使坏。

濠州城里有个不成文的规矩，凡是夺得战利品，都要先拿一部分孝敬郭大元帅，谁要是私吞了，郭大元帅就会不高兴。而朱元璋的军队纪律严明，从不抢劫，因此没有可以拿来孝敬郭子兴的东西。郭天叙和郭天爵就趁这个机会，跑到郭子兴跟前造谣，说朱元璋抢了数不清的金银珠宝，却一毛钱都舍不得拿来孝敬郭子兴。

郭子兴听了很寒心，也很失望，于是渐渐地冷落了这个女婿。

鸿雁传书 HONGYAN CHUAN SHU

到底该不该单干？

穿穿老师：

你好，我是朱元璋，不知你是否还记得我？之前我也给你写过信，不过那时我还不叫朱元璋，叫朱重八。这一次我又遇到了难题，那就是该不该离开濠州，一个人单干？

我知道郭子兴对我恩重如山，没有他，我什么都不是，可是，我在濠州待得越久，就对这帮人越失望。这支红巾军一共有五个领袖，除了郭子兴，另外四个以孙德崖为首。这四人虽然也是统帅，可事实上只是一帮不成气候的小农民——当然，我不是歧视农民，因为我自己也是一个农民，只是这四人心胸狭隘，目光短浅，跟着他们，我实在看不出有什么前途。

郭子兴跟我一样很讨厌这四个人，这四个人也一直在针对郭子兴。前不久，他们趁我外出打仗，把郭子兴抓走了，并关在孙德崖家里。我得到消息后，率领大军把孙家团团包围，这才把郭子兴救出来。

这件事让我对他们失望到了极点，这还没跟元军决战呢，就开始窝里斗了，这种队伍怎么可能有前途？所以我想离开濠州，一个人单干算了，穿穿老师，你觉得怎么样？

朱元璋

朱元璋：

您好。我们跟您的看法相同，濠州的这支红巾军的确不成气候，您还是早点离开比较好。我们相信，以您的能力和气魄，一定能闯出自己的一片天。最后，祝您早日诛灭元朝，开辟一个全新的帝国！

《穿越报》编辑

【不久后，朱元璋果然离开了郭子兴，并带走了二十四个忠心于他的人，其中包括徐达、汤和、周德兴等人。】

嘻哈园 XIHA YUAN

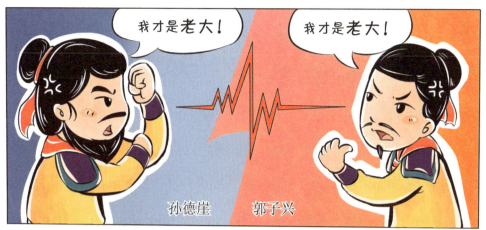

叱咤风云 CHIZHA FENGYUN

招兵买马

公元1354年春天，离开郭子兴后，朱元璋招募了一支七百人的队伍，可这对想干一番大事业的朱元璋来说还远远不够。刚好这时，朱元璋听说定远的张家堡驴牌寨有一支三千人的孤军。这支队伍缺钱少粮，处境艰难，正想找条粗壮的大腿抱一抱，这正中了朱元璋的下怀。

于是，朱元璋亲自跑到张家堡，凭着自己的三寸不烂之舌，当即把寨主说动了，寨主答应三天后前来投奔朱元璋。

CHIZHA FENGYUN 叱咤风云

朱元璋耐心地等了三天,谁知三天后,寨主却变卦了,原来朱元璋前脚刚走,另一支起义军后脚就到了,开出的条件比朱元璋还好。寨主掂量了一下,认为跟着这支队伍更有前途,于是收拾收拾,准备投奔这支队伍。

朱元璋怒了,明明答应来投奔自己的,却临时变卦,真是个不讲信用的家伙。对付这种家伙,也不必讲什么道义!于是朱元璋眉头一皱,计上心来,叫人给寨主带了个话,说请他吃饭。

呜呜呜……怪我太实诚!

寨主也是个老实人,在这种情况下,居然真以为朱元璋仅仅是请他来吃饭,就屁颠屁颠地来了,刚进门,朱元璋一声令下,立刻涌出几个士兵,把寨主绑了起来。寨主欲哭无泪,本来以为有饭吃,谁知饭没吃着,倒被捆成了粽子。

这时,驴牌寨的人还不知道寨主被捆了,正巴巴地等着寨主回家呢。朱元璋派人送去信,说你们寨主又改主意啦,已经投靠了我们,你们快收拾收拾,跟我们走吧。

果然是有什么样的寨主就有什么样的士兵,大伙儿一听,

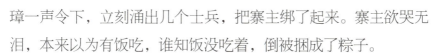

叱咤风云 CHIZHA FENGYUN

居然也没怀疑，真的收拾了粮草武器，跟着朱元璋的人走了。

驴牌寨的人刚离开营地，朱元璋的人就放了一把火，把他们的老巢烧得干干净净。这下驴牌寨一点儿退路都没有了，便老老实实地跟朱元璋走了。

有了这支三千人的队伍，朱元璋的胆儿更大了些，但他还不满足，又将目标瞄准了横涧山的一支队伍。这支军队的首领叫缪大亨，是定远有名的"土豪"，曾经帮元军围攻过濠州，可惜没捞着什么好处，围攻失败后，就带着两万人马驻扎在横涧山。

对付缪大亨这种"土豪"，招降是不可能的，所以朱元璋趁夜发动偷袭，战斗进行得非常顺利，朱元璋没怎么费功夫就把缪大亨打败了。最后缪大亨只好垂头丧气地投了降，连带两万人马也一并送给了朱元璋。

BAIXING CHAGUAN 百姓茶馆

红巾军也有好的和坏的

前几天,我们村又来了一支红巾军,他们把我家最后一只老母鸡捉去吃了。唉,这红巾军不是咱老百姓的队伍吗?怎么如今比官府还可恶呢?

庄稼汉老六

渔夫小宋

是啊,有些红巾军杀人放火,无恶不作。听说有一次,一支红巾军要路过一个村子,村里的百姓听到风声,吓得赶紧收拾家里的贵重物品,拖儿带女地往外跑。红巾军来到村子里时,发现老百姓都跑光了,连牛羊都被带走了,一气之下放了把火,把整个村庄烧得干干净净。你们看看,这跟强盗有什么两样?

也不能这么说,红巾军也分好的和坏的,那些打着起义的名号,干着土匪行当的红巾军,他们根本就不配称作红巾军,只有那种真正想推翻朝廷,带着我们大伙儿奔向光明的队伍,才能叫红巾军。

鲁书生

刘书生

是啊,听说最近出了个朱家军还不错,纪律严明,从不骚扰咱们老百姓,要是所有的红巾军都像他们一样就好啦!

名人有约 MINGREN YOU YUE

越越 大嘴记者

郭子兴 特约嘉宾

嘉宾简介：郭子兴是白莲教教徒，红巾军的领袖之一，目前驻守在濠州城。他对朱元璋有知遇之恩，并将义女马姑娘嫁给了朱元璋，因此又是朱元璋的岳父。

越　越：郭大元帅好，久仰元帅的大名，今日一见，果然名不虚传啊！

郭子兴：哈哈，过奖，过奖（马屁被拍得很舒服）。

越　越：听说您是地主出身？

郭子兴：是啊！

越　越：那我就奇怪了，既然您是地主，不愁吃也不愁喝，干吗要造反呢？造反这种事可不是闹着玩儿的，搞不好要掉脑袋的呀！

郭子兴：哈哈，我不怕掉脑袋，就怕没人砍得了我的脑袋。元朝官府欺负我们这么多年，这笔账也该讨回来了。

越　越：元帅威武，看得出来您是一个非常豪爽的人，像您这样的人一定有很多朋友吧？

郭子兴：没错，我喜欢结交各路英雄豪杰，也正是靠他们，我才能顺利起兵，一口气攻下濠州。他们不仅是我的好朋友，更是同生共死的好战友。

越　越：可是我听说您和濠州的另外四位统率相处得并不好。

郭子兴：哼，几个土包子而已，他们没见识、没眼光，成天只知道杀人放火，跟土匪没什么两样。

越　越：这样啊，那您打算怎么

名人有约

办，准备对付他们吗？

郭子兴：唉，我也想对付他们，可他们有四个人，我一个人也斗不过啊，上次被他们捉去，差点连命都丢了。

越　越：我知道，后来是朱元璋救了您。对了，有件事情我一直不大明白，您为什么会收养马姑娘为义女呢？

郭子兴：是这样的，马姑娘的父亲是我的好朋友，在我起兵那年病死了，临死前托我照顾他的女儿，我就把马姑娘带回来了。这几年，我待马姑娘就跟待亲生女儿一样，一直想为她找个好夫婿，刚好这时朱元璋来投奔我了，我看他不错，就把马姑娘嫁给他了。

越　越：真是千里姻缘一线牵啊！

郭子兴：哈哈，没错！说起这个朱元璋，他还真是个了不得的人才，当初投奔我的人何止万千，但如此出色的就只有朱元璋一个。

越　越：咦，您刚才说投奔您的人何止万千，这是真的吗？

郭子兴：当然是真的，我郭子兴什么时候说过大话！

越　越：郭元帅果真是魅力无限啊！

郭子兴：哈哈，哪里，哪里，其实他们很多都是被元军逼迫、走投无路才来投奔我的。当初我攻下濠州后，元朝大将彻里不花奉命来打我，可他是个胆小鬼，打也不敢打，退又不敢退，就在城外随随便便抓了一些无辜的老百姓，说他们是红巾军，向上级邀功领赏。百姓们被逼得过不下去了，所以干脆来投奔我，做了真正的红巾军。

越　越：唉，这种事情不止濠州有，其他地方也有类似的情况，元朝的某些将领还真是无耻啊！不过，他们越是这样，反而越是壮大了红巾军的势力啊！

郭子兴：没错，总有一天，我们会彻底将元朝官府打败！

越　越：嗯，我相信这一天不远了。

33

广告铺

希望大家多多支持《三国演义》

我是罗贯中，我的长篇历史小说《三国演义》终于完工了，将在近期上市。这部小说共一百二十回，主要讲述了从东汉末年到西晋初年约一百年间，蜀、魏、吴三个国家之间的战争风云。小说场面宏大，人物众多，故事精彩曲折，希望大家能够喜欢。

罗贯中

欢迎大家前来购买《水浒传》

《水浒传》是当今著名小说作家施耐庵的新作，主要讲述了北宋末年，一百零八位好汉在梁山起义的故事。由于小说实在太好看了，所以一上市就卖光了，本店好不容易又进了一批新书，各位爱书的朋友快来买吧，晚了就卖光了！

文华书肆

红巾军军歌

云从龙，凤从虎，功名利禄尘与土。　　望神州，百姓苦，千里沃土皆荒芜。
看天下，尽胡虏，天道残缺匹夫补。　　好男儿，别父母，只为苍生不为主。
手持钢刀九十九，杀尽胡儿方罢手。　　我本堂堂男子汉，何为鞑虏作马牛。
壮士饮尽碗中酒，千里征途不回头。　　金鼓齐鸣万众吼，不破黄龙誓不休。

全国红巾军

穿越报
CHUANYUE BAO

【烽火快报】
- 朱元璋攻破滁州

【叱咤风云】
- 和州混战风波
- 下一个目标：集庆！
- 朱家军为什么这么厉害？

【名人有约】
- 特约嘉宾：朱元璋

【广告铺】
- 征召儒士
- 不许掳掠，违禁者死

【智者为王】
- 第1关

第 3 期
公元1354年—公元1356年

南京！南京！
朱元璋篇

穿越必读 CHUANYUE BIDU

朱元璋的队伍很快发展起来，并迅速攻下滁州、和州等地，接着，朱元璋又将目光转向了集庆，也就是南京。南京又被称作"金陵"，曾是六朝古都，而且物产丰富，易守难攻，只要拿下南京，以它为根据地，便能与天下英雄对抗。那么，朱元璋到底能不能攻下南京呢？

烽火快报 FENGHUO KUAIBAO

朱元璋攻破滁州

——来自滁州的加密快报

滁州的加密快报！

公元1354年，滁（chú）州传来一个消息，朱元璋带领军队攻破滁州！

自从拿下了横涧山那支两万人的军队后，朱元璋的实力增强了好几倍，不少英雄豪杰见识到朱元璋的气魄和胆略后，纷纷前来投奔他。其中就有定远城鼎鼎有名的冯国用、冯国胜兄弟。

朱元璋见时机成熟，向定远发起了攻击，战争结果毫无疑问，朱元璋以压倒性的胜利攻下了定远。接着，朱元璋又将目标瞄准了滁州。这时，又有一个很厉害的人来投奔他了，这个人是个书生，叫李善长。

李善长对朱元璋说："秦朝末年，天下也像今天一样乱，那时汉高祖刘邦也跟您一样，只是一个普通老百姓，但他胸怀宽广，知人善任，只花五年时间就成就了霸业。历史是如此的相似，元帅您为什么不向刘邦学习呢？"

听了这番话，朱元璋不由对李善长刮目相看，让他做了自己的参谋。

接着，朱元璋向滁州发起了进攻，在战斗中，猛将花云带领上千骑兵冲进元军阵地，元军阵形大乱，士兵们一个个鬼哭狼嚎，连滚带爬地逃跑了。就这样，朱元璋顺利地占领了滁州。

据说朱元璋的下一个目标是和州，他能否还像之前一样顺利呢？让我们拭目以待！

和州混战风波

公元1355年，朱元璋在一场战乱中差点儿丢了小命，这究竟是怎么回事呢？记者经过多方调查，终于了解到了事情的真相。

原来，朱元璋攻下滁州后不久，郭子兴也来滁州了。原因是郭子兴在濠州被孙德崖排挤得过不下去了，只好带着几万兵马来投奔朱元璋。对郭子兴的到来，朱元璋表示热烈欢迎，还把统率的位置让给了他。

郭子兴感动得两眼泪汪汪的，当初果然没有看错人。

朱元璋自己原本有几万兵马，现在郭子兴又带来了几万兵

叱咤风云 CHIZHA FENGYUN

马,一下子添了几万张嘴,滁州的粮食很快就不够吃了。为了解决士兵们吃饭的问题,朱元璋又去攻打和州,战争依旧进行得十分顺利,不久后和州也成了朱元璋的地盘。

这时,孙德崖也来了。原来,孙德崖混得也不好,濠州的粮食吃光了,想来和州混饭吃。看在往日的情谊上,朱元璋答应收留他。郭子兴知道这件事后,心里很不爽,气势汹汹地领着几万人马来打孙德崖。仇人相见,格外眼红,两支队伍很快就打起来了。朱元璋作为和州统率,难免被拉下水,于是就形成了三军混战的局面。

在混战中,孙德崖不小心被俘,这可把郭子兴乐坏了,正想着是杀是剐、是蒸是煮,而这时传来一个消息,朱元璋被孙德崖的手下抓走了。

孙德崖的人还放出话来:想要朱元璋活命,就拿孙德崖来换!

郭子兴一下变成了苦瓜脸,好不容易逮到孙德崖,就这么放了,实在不甘心,可朱元璋的死活又不能不管,苦苦纠结了好

叱咤风云 CHIZHA FENGYUN

一阵,最后只好忍痛答应放人。

可到底谁先放人呢?

如果先放孙德崖,孙德崖回去后,把朱元璋杀掉怎么办?

如果先放朱元璋,朱元璋平安回去后,郭子兴还会遵守承诺吗?

因为这个问题,两军又耗了几天,在这几天里,朱元璋吃尽苦头,好几次差点被人暗杀。

幸好这时,一个人站出来了,说愿意用自己去交换朱元璋,这个人就是和朱元璋从小一起放牛长大的好兄弟——徐达。

这下事情就简单多了。先是徐达去孙德崖的军营,换回朱元璋。朱元璋回去后,再放孙德崖。孙德崖回来后,再放徐达。

事情终于圆满解决了,双方皆大欢喜。不过,有一个人却很郁闷,他就是郭子兴,眼睁睁地看着到嘴的肥肉飞走了,郭子兴实在咽不下这口气,郁闷了整整一个月,最后竟然活活郁闷死了。

心烦意乱,郁闷纠结!

鸿雁传书 HONGYAN CHUAN SHU

郭天叙凭什么当元帅

穿穿老师：

您好，我是朱元帅手下的一名小将领。今天，我代表全体将士给您写了这封信，因为有一件事让我们感到非常憋屈。

郭子兴在的时候，朱元帅将统帅的位置让给他，这我们能理解，受人滴水之恩，当涌泉相报。可现在郭子兴死了，应该由朱元帅统率全军，可事实是，郭子兴的儿子郭天叙接任了元帅的职位，朱元帅只当了副元帅！

更令人生气的是，朱元帅上面还有一个副元帅，那就是郭天叙的舅舅张天佑。朱元帅带着我们辛辛苦苦打下了定远、滁州与和州，最后却连二把手都没混上，真是太不公平了！

难道元帅不应该由真正有本领的人来担当吗？郭天叙他有什么本事，凭什么当我们的元帅！

无名将领

这位将领：

您好，据我们所知，郭子兴为了防止被孙德崖吞并，早就归附了小明王韩林儿（编者注：韩林儿是韩山童的儿子，于公元1355年登基称帝，国号为"宋"），郭天叙和张天佑的元帅之职其实是韩林儿封的。

不过，您大可不必感到憋屈，朱元璋虽然只是"三把手"，实际上却是一军之主，你们也只听他的指挥。郭天叙和张天佑虽然名义上是元帅，但却没有什么实力，根本不能与朱元璋抗衡！所以你们放心好了，只要你们心里认为朱元璋是你们的大元帅，那他就是你们的大元帅，又何必在意称号呢？

《穿越报》编辑

CHIZHA FENGYUN 叱咤风云

下一个目标：集庆！

攻下和州后，朱元璋将下一个目标瞄准了集庆（今江苏省南京市）。他选择攻下集庆的原因有很多。

一、集庆在古时叫金陵，是六朝古都，自古以来就有帝王之气。

二、南京物产丰富，人杰地灵，是块风水宝地。

三、集庆地势好，虎踞龙盘，易守难攻。

……

公元1355年六月，朱元璋打下集庆附近的太平，这时，又有一个人来投奔他了，这个人叫陶安，是明道书院的校长，是一位德高望重的学者。

向集庆出发！

叱咤风云 CHIZHA FENGYUN

朱元璋就问陶安:"我想夺取金陵,你看怎么样?"

陶安点点头说:"金陵是古代帝王之都,攻下它,然后以它为中心攻打四方,一定能攻无不克,战无不胜!"

这跟朱元璋当初想的一模一样,于是他下定决心,一定要打下集庆!公元1356年三月初一,朱元璋亲自率领大军,向集庆进攻!不过朝廷对集庆的重视程度是很高的,因此朱元璋一连攻了几次都没攻下来,这时又发生了一场意外。

朱元璋的军队中有个小头领叫陈野先,他原本是帮元军打起义军的地主,后来被朱元璋活捉了,就向起义军投降了。这一次,陈野先一看起义军打不赢,又想巴结元军,可是拿什么来向元军表忠心呢?

最好的礼物莫过于军中的两位元帅啦!于是,陈野先就请郭天叙和张天佑喝酒,趁机把两个元帅放倒,并把他们绑起来送到了元军的阵营。元军一看乐开了花,立刻杀了二人。

当然,陈野先也没落得什么好下场,由于总是叛来叛去,让人分不清他到底属于哪个阵营的,结果在不久后的一场战役中,被元军当做红巾军杀掉了。

元军杀了郭天叙和张天佑,这对朱元璋来说反而是件好事,这下整个军队从里到外全都是朱元璋一个人的啦!

朱元璋整顿兵马后,再一次向元军发起猛烈的攻击。结果元军大败,朱元璋顺利地占领了集庆。

嘻哈园

百姓茶馆 BAIXING CHAGUAN

朱元璋手下的大将们

这个朱元璋可了不得,听说他手下猛将云集,像徐达、汤和、周德兴这些从小跟他一起长大的好兄弟就不说了,后来常遇春、冯国胜、冯国用等人都来投奔他了,个个都是一等一的英雄好汉啊!

王铁匠

剑客老冯

那可不,要不怎么能这么快打下集庆呢?在这些大将中,我最敬重的是徐达,他在战场上威风凛凛,平日为人却谦虚敦厚,与士兵们同甘共苦,一点架子都没有,这才叫大将风度啊!

我跟你不同,我最佩服的是常遇春。常遇春当过土匪,打起仗来也跟土匪一样,遇神杀神,遇佛杀佛。他这个人还挺狂妄的,说只要给他十万兵马,他就能扫平天下,因此他还得到一个绰号,叫"常十万"。哈哈,我就喜欢他的狂妄!

刀客小朱

某大侠

你们说的这两位将军我都喜欢,这些猛将们各有各的特点,不过他们还有一个共同点,那就是对朱元璋忠心耿耿。有了他们,朱元璋将来一定能称霸天下!

CHIZHA FENGYUN 叱咤风云

朱家军为什么这么厉害？

朱家军攻破集庆的消息很快传遍了全国各地，很多人想不明白，为什么朱元璋带领的军队这么厉害。其实，这和朱家军军纪严明是分不开的，这里就给大家讲一个关于朱元璋整顿军纪的故事。

朱元璋攻下和州后，有一次去外面办事，刚走出军营，就看到一个小孩蹲在地上哭。

奇怪，谁家的小孩儿，怎么在这哭来起了？朱元璋就走过去问。

"我在等我爸爸。"小孩抽抽搭搭地说。

我在等我爸爸妈妈。

小朋友为什么哭呀？

叱咤风云 CHIZHA FENGYUN

军纪何在!

"你爸爸是谁呀?"朱元璋又问。

"他在军营里养马。"小孩说。

原来是这样,朱元璋正想叫人带小孩去找他爸爸,这时小孩又说:"我妈妈也在军营里。"

原来,小孩的爸爸妈妈都是当地百姓,攻下和州城后,爸爸被分配到军营中养马,妈妈也被掳进了军营。夫妻二人天天见面,却不敢相认,只好以兄妹相称。

听了小孩的话,朱元璋紧皱眉头,沉思起来:原来军队中竟然存在着如此严重的纪律问题!士兵们攻破城池后,并没有按照他的要求做到不骚扰百姓,而是到处抢东西、抢女人。这样下去,部队一定会失去民心!

于是,朱元璋赶紧开了个会,重申了一遍部队的纪律,并将军营中的妇女全放走了。

名人有约

MINGREN YOU YUE

越越 大嘴记者

朱元璋 特约嘉宾

嘉宾简介：四年前，他还是皇觉寺的一个穷和尚，四年后，他摇身一变，成了一支强大的红巾军的统帅。前不久他挥军南下，夺取帝王之都——南京，并将其牢牢地控制在手中。虽然目前为止，他的实力还不是最强大的，但他的前途却是最不可限量的！

越　越：朱大帅您好，记得我上次采访您的时候，您还是个和尚，想不到才短短四年，您就成为一军统帅了，可真了不起啊！

朱元璋：这就叫士别三日，刮目相看嘛。

越　越：哇，连这个成语您都知道啊！据我所知，您小时候从没上过学哦。

朱元璋：哈哈，我小时候是没上过学堂，不过后来当了和尚要诵读经文，就自学了一点，如今成了一军统率，更要多多读书才行啊！

越　越：是这样啊！大家都说，您的崛起真可谓是神速，请问您是靠什么办法迅速扩大势力的呢？

朱元璋：没有别的办法，无非是吞并，不断地吞并别人的军队，势力自然就强大起来了。

越　越：嘻嘻，就像贪吃蛇一样，对不对？

朱元璋：什么是贪吃蛇？

越　越：呃，一种小游戏啦，这个不重要（抹一把冷汗）。对了，您之前驻扎在和州，要攻打集庆，就必须横渡长江，这样就需要大量的战船，可据我所知，您之前并没有战船，而且士兵也是旱鸭子，请问您

名人有约 MINGREN YOU YUE

越　越：是怎么渡江的呢？

朱元璋：你猜猜？

越　越：呃，是不是您又吞并了一支水军？

朱元璋：哈哈，猜对了。当时有一支巢湖水军，头目叫李扒头，他们有上千艘战船，上万人的水军，就在我最需要水军的时候，他们主动送上门来了。

越　越：咦，这是怎么回事？

朱元璋：是这样的，李扒头和一个叫左君弼（bì）的红巾军首领结了仇，可他又打不过人家，只好来找我帮忙。

越　越：那您帮了吗？

朱元璋：当然帮啊，我不是正缺水军嘛！这次我帮了他，下次他才会帮我呀。于是我让他们先来和州，再一起渡江打过去。我们一路攻城略地，直取太平城。

越　越：那一仗一定打得很威风吧？

朱元璋：是啊，可是李扒头这个人太阴险了，我帮他打了胜仗，他却想干掉我，吞并我的军队。

越　越：啊？

朱元璋：我记得那天，他在船上摆了一桌鸿门宴，请我赴宴，幸好这时有人向我告密，说李扒头想杀我，我才逃过一劫。好险啊，差点就被他干掉了。

越　越：哇，您连鸿门宴的典故都知道啊，看来的确读了不少书呢。那后来您是怎么反击的呢？

朱元璋：过了几天，我也摆了一桌鸿门宴，李扒头没提防，屁颠屁颠地来赴宴。我把他灌醉，丢到江里喂鱼去了。

越　越：嘻嘻，这就叫"偷鸡不成反而蚀把米"。

朱元璋：不对，应该是"害人不成反害己"。

越　越：哇，居然懂这么多成语，您真是越来越厉害了。

朱元璋：嘿嘿，客气客气。好啦，我要去练兵了，小记者，就不奉陪啦。

越　越：哎呀，真不好意思，打扰您这么长时间。好的，今天的采访就到这里，朱大帅再见。

广告铺

征召儒士

虽然我没读过什么书,但我是一个非常尊崇儒士的人,儒士虽然不能行军打仗,但却能在幕后运筹帷幄,指点江山,这是比行军打仗更厉害的本领。

现在我军中的读书人并不多,所以我希望有更多的儒士前来辅佐我,帮助我。

如果你是一位儒士,如果你刚好看到这条广告,请快快来应天府找我吧,跟着我朱元璋,绝不会有错!

朱元璋

不许掳掠,违禁者死

再过几天,我军就要向太平城进攻了,为了严明部队纪律,我已经命李善长写了多张"不许掳掠,违禁者死"禁约,并将其贴在各个路口,希望各位将士能谨遵这条约定,否则别怪我翻脸无情!

同时也请太平城的广大百姓不要惊慌和害怕,我们是一支纪律严明的部队,只管打仗,绝不扰民。

朱元璋

智者为王 ZHIZHE WEI WANG

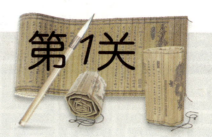

智者无敌 王者为大

1. 元朝的统治者是哪个民族的人？
2. 元朝末期爆发的农民起义叫什么？
3. 红巾军为什么要叫"红巾军"？
4. 红巾军起义爆发之前，修黄河的民工们在河堤上挖出一个石人，这个石人有什么特点？
5. 元朝统治者将人分为几等？从高到低是如何排列的？
6. "南人"指的是哪一种人？
7. 朱重八为什么去当和尚？
8. 朱重八和朱元璋是什么关系？
9. 朱重八为什么离开濠州？
10. 朱元璋最开始去投奔了谁？
11. 郭子兴死后，朱元璋接任了他元帅的职位吗？
12. 韩林儿登基后的国号是什么？
13. 元朝时的集庆是今天的哪里？
14. 朱元璋军队的纪律严明吗？
15. 《三国演义》的作者是谁？
16. 《水浒传》的作者是谁？

穿越报
CHUANYUE BAO

【烽火快报】
- 朱元璋的两个强邻

【绝密档案】
- 张士诚为什么被招安？
- 陈友谅的发家史

【叱咤风云】
- 隐士刘基出山了
- 龙湾之战，朱元璋大败陈友谅

【名人有约】
- 特约嘉宾：张士诚

【广告铺】
- 士兵也要种地
- 松江百姓可用布代替秋粮

第 4 期
公元1357年——公元1360年

两个强邻

朱元璋 着

穿越必读 CHUANYUE BIDU

除了与元朝对抗外，红巾军之间也存在着激烈的竞争。朱元璋占领南京后，将要面对两个强大的邻居，一个是陈友谅——兵力最强的红巾军领袖；另一个是张士诚——经济最富裕的红巾军领袖。面对两个都想吞并他的强邻，朱元璋会有怎样的应对措施呢？

烽火快报 FENGHUO KUAIBAO

朱元璋的两个强邻
——来自集庆的加密快报

朱元璋攻下集庆后，便按照之前的想法，将集庆作为根据地，并改名为应天府。但他并没有感到轻松，因为从此以后，他将要面对两个强大的邻居：一个叫张士诚，在他东边；另一个叫陈友谅，在他西边。

张士诚原本是私盐贩子，后来领导盐丁起义，在高邮称了王，再后来接受了朝廷的招安。

陈友谅是天完国皇帝徐寿辉（红巾军起义领袖）的手下，实际上已经掌控朝政，成了天完国的实际掌权者。

面对两个如此强大的邻居，朱元璋该怎么办？没办法，在自己势力还很弱小的情况下，尽量不去招惹他们，先壮大自己的实力再说。在隐士朱升的指点下，朱元璋决定"高筑墙、广积粮、缓称王"。

"高筑墙"，就是要高筑城墙，保护好自己的地盘，因为地盘一旦丢失，就什么都没有了。"广积粮"，就是要搞好经济建设，准备充足的军饷，这样士兵才不会饿着肚子去打仗。"缓称王"，就是不要急着称王称帝，因为树大招风，谁先称王，谁就会成为众矢之的，所以暂时低调一点比较好。

有了这九字箴言，朱元璋相信，自己一定能应付眼前的困境，实现一统天下的远大理想。

来自集庆的加密快报！

JUEMI DANGAN **绝密档案**

张士诚为什么被招安？

作为一支强大的红巾军的首领，张士诚为什么会被朝廷招安？他又是怎么一步步走到今天的？这一切还得从头说起。

张士诚原本是个私盐贩子。本来，盐是官家垄断商品，老百姓不许私自买卖，否则轻则坐牢，重则杀头。可元朝军队开销极大，总是不断提高盐价，老百姓苦不堪言。再加上盐的成本低，利润高，所以很多不怕死的人都干了这一行，张士诚就是其中的一个。

虽然贩私盐赚了不少钱，可张士诚也为此付出了沉重的代价，不少兄弟被官府处死了，活下来的人也整天提心吊胆的。

红巾军起义一爆发，张士诚就和他那帮贩私盐

干这行赚得多！

的兄弟趁机也反了!

他们一路攻城略地,很快攻下了泰州、兴化和高邮三座城池,公元1353年,张士诚在高邮称王,定国号为"大周"。

元朝的宰相脱脱立刻率领百万大军打了过来。双方先在城外打了一仗,张士诚大败,只好退回城中,死守城池。元军的百万大军也不是吃素的,将高邮围得密不透风。

张士诚死守了三个月,眼看就快撑不下去了,这时,一个意想不到的好消息传了过来!

原来,有个奸臣因为嫉妒脱脱,向皇帝进谗言,说一个小小的高邮,脱脱打了三个月还没打下来,太不正常了,搞不好脱脱是想借这个机会把兵权弄到手,趁机造反。皇帝一听吓坏了,一纸诏书,罢了脱脱的兵权,半路上还赐了他毒酒。

"百万大军"没了统领,顿时如鸟

皇上,脱脱想趁机造反呐!

JUEMI DANGAN 绝密档案

兽散，张士诚侥幸逃过一劫。

接下来的几年，张士诚的势力一天天壮大，同时，朱元璋的势力也渐渐崛起。

朱元璋攻下集庆后，派使者给张士诚送去一封信，想与他和平相处。而张士诚却不领情，一心想消灭朱元璋。

公元1357年，朱元璋与张士诚打了一仗。张士诚大败，不仅丢掉了长兴、江阴两个战略要地，连主帅张士德也被朱元璋捉走，在被押往集庆的路上绝食而死。

张士诚一下子蒙了，因为张士德不仅是他的得力帮手，还是他的亲弟弟。

据说张士德在临死前，曾设法给张士诚带去一封信，劝他投靠元朝，以解救眼前的危难。再加上张士诚的一些手下在朝廷做过官，也纷纷劝他归顺朝廷。

张士诚没有别的办法了，公元1357年，张士诚接受了朝廷的招安，取消了王号和大周国号。

陈友谅的发家史

比起张士诚，朱元璋的另一个强敌陈友谅更加不好对付。

公元1360年，陈友谅杀害了天完皇帝徐寿辉，自立为帝，改国号为"汉"。对这个结局，其实很多人都已经料到了，这个人阴险狠毒，无情无义，谋权篡位是迟早的事。

为什么这么说呢？让我们来回顾一下陈友谅的发家史就知道了。

陈友谅本来是个打鱼的，后来读了点书，在县衙里找了份文职工作。

公元1351年，徐寿辉在蕲州起义，不久后称帝，定国号为"天完"，任命倪文俊为丞相。

公元1355年，当徐寿辉的起义军打到陈友谅的家乡时，陈友谅毫不犹豫地投了军，在倪文俊的手下办事。

徐寿辉虽然名义上是皇帝，实际上却被丞相倪文俊操控着。时间一长，倪文

把皇位让出来，我要当皇帝！

俊免不了动了歪心思，心想不如把徐寿辉赶下台，自己当皇帝算了。

于是公元1357年，倪文俊策划了一场暗杀徐寿辉的行动，谁知运气不好，被人揭发了，他只好仓皇逃跑。

逃到哪里去好呢？倪文俊想到自己平时对陈友谅还不错，就逃到黄州投奔陈友谅。

对于倪文俊的到来，陈友谅表示热烈欢迎，但他心里想的却是：这人现在如此落魄，对我已经完全没有利用价值了，不如把他杀了，去向徐寿辉邀功。

心里这么想着，陈友谅也真的这么做了。

凭借着"匡扶之功"，陈友谅一步一步爬上了权力的顶峰，取代倪文俊成为天完王朝的实际掌权者。这样一来，徐寿辉对陈友谅也没有什么利用价值了。

公元1360年，陈友谅攻下了朱元璋的采石城后，假装邀请徐寿辉来采石拜神，徐寿辉乐呵呵地来了，刚进门，埋伏在一旁的士兵就冲过来，举起几十斤重的大铁锤，杀了徐寿辉。

徐寿辉的血迹还没有干，陈友谅就迫不及待地在五通庙登了基，定国号为"汉"。

鸿雁传书 HONGYAN CHUAN SHU

先打张士诚，还是先打陈友谅？

穿穿老师：

你好，我是朱元璋，我又给你写信了，这次我又遇到一个难题，那就是先打张士诚好，还是先打陈友谅好？

大部分人认为，张士诚的兵力相对弱一点，好打一点，所以先打张士诚，把他军队吞并后，再一举攻下陈友谅。这样说好像很有道理，可我仔细一想，就发现行不通。

张士诚器量小，没远见；陈友谅骄纵狂妄，爱惹是生非。如果我先打陈友谅，张士诚就会想：打吧打吧，只要别打到我头上就好。可如果我先打张士诚，陈友谅就会想：好你个朱元璋，敢打张士诚，胆子不小哇，看我怎么收拾你！

换句话说，就是如果我打陈友谅，张士诚一定不会救；如果我打张士诚，陈友谅一定会掺一脚进来，到时候我面对的就不是一个张士诚，而是张陈联军，实在太可怕了！

综上分析，我最后认为还是先打陈友谅好，穿穿老师，你认为呢？

朱元璋

朱元璋：

您好。看了您信中精彩的分析，穿穿佩服得五体投地。我总算明白您为什么能有今天的成就了，因为您不但善于领兵打仗，还善于揣摩人心，难怪大家都对您心服口服。

就按您想的去做吧，祝您成功，早日一统天下！

《穿越报》编辑 穿穿

嘻哈园 XIHA YUAN

百姓茶馆 BAIXING CHAGUAN

陈、朱、张三人中，你最看好谁？

> 话说在陈友谅、朱元璋和张士诚三个人中，你们最看好谁呢？

李公子

王秀才

> 当然是陈友谅，谁不知道陈友谅的兵力是最强的，水军尤其厉害。据说他的战船有好几层，里面什么都有，还有马棚呢。而且船体无比坚固，人在第一层说话，在第二层的人都听不到。装备这么好，不打胜仗才怪，而且陈友谅这个人心狠手辣，六亲不认，绝对有成大事的气魄！

> 我看未必，我最看好朱元璋。朱元璋不仅手下猛将如云、谋士成群，而且对百姓仁义，深受百姓爱戴——这一点才是最重要的。至于陈友谅嘛，厉害是厉害，就是太骄纵，太沉不住气了，我看他早晚要栽在这一点上。咦，没有人站在张士诚那边吗？

邓书生

柳裁缝

> 张士诚就算了吧，他这个人胸无大志，成不了大气候，他本来可以抢在朱元璋之前攻下集庆，可他不思进取，一个小小的高邮就让他心满意足了。他这种人要是能成大事，我就把名字倒过来写！

隐士刘基出山了

公元1360年,朱元璋的部下胡大海打下了处州(今浙江省丽水市)。处州是个好地方,这里的名人隐士特别多,最有名的是刘基、章溢、叶琛、宋濂四人,他们被称为"浙东四学士"。胡大海一攻下处州,就立刻派人去请这几位名士出山。

后三位都很好说话,一请就来了,只有这个刘基(也就是刘伯温),怎么请都请不动。胡大海没辙了,只好上报给朱元璋。

朱元璋早就听说过刘基的大名,对这个人非常重视,他当即表示,无论花多大的代价,一定要把刘基请来,于是派了个叫孙炎的人去请。

孙炎找到刘基,先是动之以情,晓之以理,分析天下大势,最后得出一个结论:元朝就要完蛋了,放眼天下,当今英雄豪杰中,朱元璋是最英明、最仁义、最有前途的

叱咤风云 CHIZHA FENGYUN

一个，跟着他将来必定能成就一番事业，流芳千古。

听了孙炎的话，刘基沉默不语，这些年前来请他出山的不止朱元璋一个人，这种话他也不是第一次听了，可如今天下乱糟糟的，各路英雄纷纷崛起，谁知道天下会落入谁的手中，没人敢打包票。

孙炎碰了个软钉子，但他并没有灰心，过了一阵，又去请刘基出山。这一次，刘基早有准备，干脆送了孙炎一把锋利的宝剑。言下之意是，你别再来骚扰我了，反正我不会跟你走，有本事你就杀了我！

孙炎也是个厉害角色，不动声色地把宝剑还给了刘基，说："这么贵重的东西，你还是送给天子吧，天子专门用它来斩不听话的人，我只是个大臣，不敢接受。"言下之意是，你这个老顽固，再不听话，小心朱元璋杀了你！

孙炎还写了一首《宝剑歌》送给刘基，里面有一句："还君持之献明主，若岁大旱为霖雨。"意思是你把宝剑拿回去，送给明主朱元璋，你们两个联合起来，必定能给久旱的天下带来一场大雨，解救黎明百姓于水火之中。

就这样，孙炎软硬兼施，先是给刘基一个下马威，接着又好言相劝。到了这份儿上，刘基再不答应，就太不识时务了，只好乖乖地跟着孙炎走了。

CHIZHA FENGYUN　叱咤风云

龙湾之战，朱元璋大败陈友谅

公元1360年，陈友谅带领强大的水军，率先向朱元璋发起了攻击！大军一路东下，很快攻克了朱元璋的军事要地采石，接着又攻下了太平，直逼应天府。

朱元璋赶紧召集谋士们开会。有人说，汉军太强大了，咱们还是跑吧。还有人说，跑也不是办法，不如投降算了，好歹能留条性命。朱元璋气得吹胡子瞪眼睛，这时，他发现一个问题，新来的刘基一直没有说话。

散会后，朱元璋把刘基留下来，问："先生有什么好主意吗？"

冲啊，打他个措手不及……

叱咤风云 CHIZHA FENGYUN

刘基沉着脸说:"我看那些主张逃跑和投降的人都该杀!"

朱元璋一听有戏,赶紧问:"那你说该怎么对付陈友谅?"

刘基说:"陈友谅大老远地跑来攻打我们,我们以逸待劳,怕他干什么?只要您多给将士们一些赏赐,鼓舞鼓舞士气,再用伏兵偷袭,攻击敌军最弱的方面,就不怕打不垮他们!"

朱元璋大喜,立刻和刘基制定具体的战略计划。他们知道陈友谅的水军很厉害,这也是朱元璋最害怕的地方,怎样才能让陈友谅放弃水路,从陆路进攻呢?很快,他们想到一个好办法。

朱元璋有个部下叫康茂才,他跟陈友谅是旧相识。朱元璋找来康茂才,要他写信给陈友谅,假装做他的内应,并率兵在江东桥等着他!江东桥是一座木桥,也是陈友谅从水路进攻唯一的障碍。有了康茂才做内应,陈友谅这次想不攻下应天府都难!

陈友谅大喜,给康茂才回信说:

我军以逸待劳,不必怕他陈友谅!

叱咤风云

"我马上去江东桥,到了桥边,我叫几声'老康',到时请你接应!"

将信发出去后,陈友谅就喜滋滋地动身了,却不知一个巨大的陷阱正等着他。

朱元璋得到回应后,叫人连夜把江东桥拆了,建了一座坚固无比的石桥。陈友谅赶到桥边一看,傻眼了,江东桥什么时候变石桥啦?

陈友谅满怀狐疑,试探地叫了两声:"老康?老康?"

没人回应。

"老康?老康?"

还是没人回应。

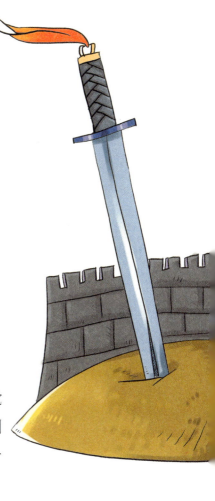

不好,中计了!陈友谅脸色大变,他警觉地望了望周围,却没有发现预想中的伏兵。这到底是怎么回事?陈友谅百思不得其解,不过有一点他很肯定,就是不能按原计划走水路进攻了!正好这时,他的另一支部队在龙湾登陆了,于是陈友谅就率兵去了龙湾。

陈友谅万万没想到的是,朱元璋的大军正在那儿等着他呢!汉军刚刚登陆,就被从四面八方涌来的敌军包围了。一番惨烈的厮杀之后,汉军损失了两万多兵马,一百多艘战船,陈友谅在部下的掩护下,好不容易上了条小船,仓皇逃跑了。

名人有约 MINGREN YOU YUE

越越 大嘴记者

张士诚 特约嘉宾

嘉宾简介：红巾军领袖之一，靠贩私盐起家，控制江浙一带等中国东南方最富裕的地方，因此有"陈友谅最强，张士诚最富"的说法。尽管兵强马壮，富得流油，但张士诚却胸无大志，不思进取，只想控制这几个地方，做他的土皇帝。后来张士诚在朱元璋那里吃了亏，投靠了元朝。

越　越：张大人，您好，现在您已经是朝廷官员了，能否谈谈您那段贩私盐的经历呢？

张士诚：这个放在以前，我是不敢讲的，现在讲讲也不打紧。

越　越：以前为何不敢讲呢？

张士诚：因为贩私盐是个要砍头的事呀！国家看贩盐是个好买卖，所以禁止我们老百姓参与。

越　越：那您为何要参与呢？

张士诚：我们家那会儿穷啊，四兄弟连饭都吃不上，不是说靠山吃山，靠水吃水吗？我家是泰州白驹场盐场的，就只能靠盐吃盐了。

越　越：既然摊上这么个好买卖，日子过得不错吧？

张士诚：还行，我这人重义气，喜欢帮助别人，所以在盐民心中还是有些威望的。大家得了什么好处，也不会忘记我。

越　越：那为何还要起义呢？

张士诚：你怎么这么笨呢，不是说了贩私盐是要被砍头的嘛！我们每天东躲西藏，把脑袋别在裤腰带上，像过街老鼠一样惶惶不可终日，谁愿意过这种日子？而且那些财主仗着有几个臭钱，经常欺负我们盐民，比如

名人有约

MINGREN YOU YUE

拿了盐不给钱啦，放狗咬我们啦。你说能不能忍？

越 越：确实是欺人太甚！看来您主要是被那些个财主逼的！

张士诚：是啊，有一天我就带着弟弟们和一些好汉，总共十八个人，每人扛一条扁担，冲进那些财主的家里，把他们杀了个精光（史称"十八条扁担起义"）。

越 越：等等，为什么是扁担，不是刀枪斧头呢？扁担的威力小多了呀！

张士诚：唉，我也想拿好点儿的武器，可是没有哇。朝廷规定汉人、南人不准持有武器，连菜刀都是十户人家共用一把，做个菜都要排队等半天，更别说刀枪了。

越 越：原来是这样，厉害！一把扁担就能起义！

张士诚：哈哈，刚开始只有扁担，后来仗打多了，就从敌人那里抢来很多武器。

越 越：有了武器，做事就方便多了吧？

张士诚：是啊，不过光有武器不行，还得有头脑。这样才能用最小的代价换取最大的胜利。

越 越：哦，比方说？

张士诚：比如攻打泰州的时候，如果硬打的话，估计要打上几天几夜。所以我使了招"诈降"，然后趁他们不注意，在城头放了一把火，不费吹灰之力就把泰州搞定了。

越 越：等等，您刚才说……诈降？

张士诚：是啊！

越 越：这是您在行军作战中的惯用手段吗？

张士诚：哈哈，兵不厌诈嘛。

越 越：那您这次投降元朝，到底是真降还是假降？

张士诚：（沉默了一会儿）这个问题我暂时不能回答你。好了，我要休息了。

越 越：好的，希望早日听到您的好消息哟（编者注：其指脱离元朝的控制）！

广告铺

士兵也要种地

　　这些年年年打仗,年年要向百姓征收大量的军粮,但我知道,百姓的日子也过得很苦,可能连自己都吃不饱饭。可我要是不向百姓征粮,军队又没饭吃,怎么办?最近我在一位高人的提点下,终于找到一个两全其美的好办法:

　　一部分军粮向百姓征集,另一部分让军队自己生产。在闲余时间里,士兵们要积极垦荒,努力耕种,最好能做到兵粮自给自足,给百姓减轻负担。

朱元璋

松江百姓可用布代替秋粮

　　这段时间军队急需用布,因此我做出一个决定:松江府的百姓可以用布来代替秋粮,特此昭告广大松江官民。

朱元璋

　　(编者注:松江府即今上海市苏州河以南,盛产棉布。)

穿越报
CHUANYUE BAO

第 5 期
公元1363年

血染鄱阳湖

朱元璋 荐

【烽火快报】
- 安丰告急，朱元璋救还是不救？

【叱咤风云】
- 陈友谅来复仇了！
- 鄱阳湖，最后的决战！

【名人有约】
- 特约嘉宾：陈友谅

【广告铺】
- 对康茂才的表扬公告
- 废除陈友谅的苛政
- 谁能将镂金床熔为黄金

穿越必读 CHUANYUE BIDU

朱元璋和陈友谅之间的关系越来越紧张，终于，双方在鄱（pó）阳湖发生了一场恶战，朱元璋火烧陈友谅，血染鄱阳湖。陈友谅惨败，从此退出历史舞台。

烽火快报 FENGHUO KUAIBAO

安丰告急，朱元璋救还是不救？
——来自安丰的加密快报

来自安丰的加密快报！

公元1363年，张士诚向安丰发动了进攻。安丰是小明王韩林儿的地盘，这时韩林儿与刘福通都还在城里，一旦城破，两人就完蛋了。

在张士诚猛烈的进攻下，安丰很快就撑不下去了，他们只好向朱元璋求救。朱元璋接到求救信后，想都没想，领着大军就要出发。

刘基却拦住了他："不能救！"

为什么不救？朱元璋急了，不管怎么说，韩林儿都是自己的皇帝，现在皇帝有难，做臣子的哪有见死不救的道理？

刘基平静地说："救了小明王之后，您打算怎么安置他？"

朱元璋愣了，这个问题他还真没想过。虽然朱元璋一直将韩林儿奉为主公，但实际上早就脱离了他的控制。如果这次把韩林儿救出来，以后怎么安置他还真是个大问题。

刘基又说："万一你去援救安丰的时候，陈友谅趁机打来怎么办？"

朱元璋又愣住了，丢了安丰，其实跟他没多大关系，可丢了应天府，他就什么都没有了！

朱元璋很纠结，到底救还是不救？经过一番痛苦的思索后，道义最终还是占了上风——

安丰，一定要救！

陈友谅来复仇了！

朱元璋亲自带领大军，浩浩荡荡地去援救安丰了，留下一个孤零零的应天府。他的邻居陈友谅笑了，自从三年前在龙湾之战中被朱元璋痛扁了一顿后，陈友谅一直怀恨在心，一直想找机会报仇。

如今，机会终于来了！陈友谅率领全部家当六十万大军，直奔洪都（今江西省南昌市）而来。

咦，陈友谅为什么不直接攻打应天府，而是先打洪都呢？

原来，洪都原本就是陈友谅的地盘，三年前被朱元璋抢走了，陈友谅一直咽不下去这口气，所以宁愿暂时不管应天府，也要先把洪都打下来再说！更何况，朱元璋派去守洪都的是他的侄儿朱文正，一个纨绔子弟，对付他还不容易！

可是陈友谅错了，

> 哼，先把洪都打下来再说！

叱咤风云 CHIZHA FENGYUN

朱文正是纨绔子弟没错，可没人规定纨绔子弟就一定不会打仗。朱文正不但能打，而且是个非常可怕的对手，否则朱元璋也不会放心把一个偌大的洪都交给他。更何况，城中还有另一位守将邓愈，他也是个非常厉害的人物，于是——

陈友谅打了一个多月，都没能将洪都打下来。

再说朱元璋，本来是去援救安丰的，谁知安丰没守住，刘福通战死了，韩林儿倒是救出来了。面对这样的结果，朱元璋真是哭笑不得，只好拖着这个大累赘，班师回府。谁知半路上一直被张士诚的军队骚扰，朱元璋怒了，临时作出一个决定，攻打张士诚的军事重地——庐州。

朱元璋在庐州与张士诚打得正欢，这时传来一个消息，洪都已经被陈友谅包围一个多月了！

朱元璋吓出一身冷汗，心想：好险，如果陈友谅打的是应天府而不是洪都，那就完蛋了！

谁说我不会打仗？

叱咤风云 CHIZHA FENGYUN

朱元璋立刻回信，叫朱文正再坚持一个月，到时自己亲自领兵来救。

不久后，朱元璋果然调回打庐州的军队，亲自率领二十万大军，浩浩荡荡地奔洪都而来。随他出征的除了徐达、常遇春、冯国胜等大将外，还有刘基、陶安等谋士。可以说，朱元璋这一次也是将所有家当都带来了。

这就好比一场赌局，朱元璋和陈友谅都押上了自己的全部家当。赢的那个人将会赢得所有，包括天下，而输的人则会输得精光，包括性命。

那么，这场赌局的结果如何呢？我们的记者将继续为您跟踪报道。

快马加鞭，保卫洪都！

鸿雁传书 HONGYAN CHUAN SHU

不怕死的张子明

穿穿老师：

您好，我是洪都的最高长官朱文正，现已经被陈友谅围困了一个多月了。不久前，我实在顶不住了，派了一个叫张子明的手下，去向我叔叔朱元璋求救。

他坐着一条小渔船偷偷出了洪都，走了整整半个月，才见到我叔叔。叔叔问洪都现在怎么样啦，他说陈友谅带了不少人来，但也被干掉了不少，现在江水一天天退去，他的大船就快开不动了，只要援兵一到，陈友谅就完蛋啦！

我叔叔一听很高兴，说那你们再坚持一个月吧。

没料到，张子明在往回赶时，一不小心被陈友谅逮住了，还答应陈友谅劝洪都投降。他不过是个读书人，平常看起来也呆呆的，来到洪都城下，扯开嗓子喊出的却是这样一句话："我们的援军马上就到了，请大家坚持下去！"

陈友谅暴跳如雷，叫人把他杀了。

张子明用自己的生命和鲜血鼓舞了我们的士气，作为他的头儿，我除了感激，更多的是敬佩，敬佩他的赤胆忠心和不怕死的勇气。希望广大将士们能向他学习，也希望广大百姓能够知道这个英雄的故事。

朱文正

朱将军：

您好。听了这个故事，我们全体编辑的心情久久不能平复，是的，像张子明这样的人，的确值得我们所有人学习。所以我们决定将这个故事刊登在《穿越报》最显眼的位置，以此来纪念张子明。

《穿越报》编辑 穿穿

叱咤风云

鄱阳湖，最后的决战！

听说朱元璋来了，陈友谅掉头把军队开进了鄱阳湖。公元1363年七月二十一日，朱元璋与陈友谅最后的决战，终于开始了！

大家都知道，陈友谅的水军很厉害，而且战船超级大，士兵可以骑着马在甲板上跑来跑去，而朱元璋的战船呢，还是三年前在龙湾之战中从陈友谅那儿缴获来的，要不就是些小渔船，与陈友谅的船队根本没法儿比。

一连三天，战斗非常激烈，朱元璋也被打得非常狼狈，好几次被敌船包围，差点儿丢了小命。

怎么办？这样下去死定了！

这是与敌军最后的决战，都打起精神来！

叱咤风云

情急之下，朱元璋想到一个办法——火攻！陈友谅的战船虽然大，可进退不便，而且又用铁索连在一起，只要放一把火，保准烧得他们哇哇叫。

可是要放火，还得有风才行。

说来也巧，当天下午，突然刮起了一阵东北风，朱元璋大喜，赶紧命士兵准备火船。

很快，七艘熊熊燃烧的火船像火箭一样钻进陈友谅的船队，顿时浓烟滚滚，鄱阳湖上一片火光。就像朱元璋当初料想的那样，汉军被烧得哇哇叫，连陈友谅的弟弟陈友仁也被烧死了。

战局一下子就被扭转过来了。

望着被朱元璋烧成破铜烂铁似的战船，陈友谅恨得牙痒痒，就在这时，他得到一个情报，朱元璋乘坐的战船的桅杆是白色的！陈友谅立刻下令，

明天所有战船集中火力攻打这艘有白色桅杆的船！谁知这情况被朱元璋知道了,连夜把所有战船的桅杆都刷成了白色。

第二天,陈友谅来到战场上一看,傻眼了,敌军所有战船的桅杆都是白色的,根本分辨不出哪艘船上坐着朱元璋。

战斗进行了快一个月,陈友谅越打越没底气,朱元璋则越战越勇,为了防止陈友谅逃跑,朱元璋干脆封锁了鄱阳湖的湖口。

这时,汉军的粮食都吃光了,士兵们一个个饿得嗷嗷叫,陈友谅只好派出一些船去筹备粮草,可船队刚出发没多久,就被朱元璋一把火烧了个精光。这下子,陈友谅真是欲哭无泪啊!

八月二十二日,陈友谅强行突围,被朱元璋的军队追了几十里。陈友谅急了,把头伸出船舱,指挥作战,这时一支箭射来,正好射中他的眼睛,直穿头颅!陈友谅大叫一声,一命呜呼!主帅一死,军队很快就溃散了。

就这样,这场赌局终于有了最后的赢家,他就是朱元璋!

嘻哈园 XIHA YUAN

BAIXING CHAGUAN 百姓茶馆

陈友谅为什么失败

奇怪，陈友谅那么厉害，怎么就被朱元璋打败了呢？有人能给我说说是怎么回事儿吗？

渔夫老卢

猪倌老周

依俺看，主要是打仗的地点有问题，正好在康山。你想想，"猪（朱）见糠（康），喜洋洋"啊，所以陈友谅被朱元璋给痛扁了一顿。

不懂就不要胡说，陈友谅为什么失败？我看关键就在于他这个人太骄纵，并且目光太短浅了。你想想，他要是不去报洪都之仇，而是率大军直取应天府，战争的结果会怎样？

盐商赵四

镖师小李

当然是反过来啦！当时朱元璋正与张士诚纠缠，应天府兵力空虚，陈友谅的六十万大军拿下应天府还不是手到擒来！应天府一旦被攻陷，朱元璋就完蛋了，到时候陈友谅想打哪儿不行？可陈友谅呢，偏偏放着应天府不管，要先打洪都，没想到朱文正这小子死守洪都三个月，给朱元璋提供了充足的准备时间。我看啊，陈友谅这是自取灭亡，怨不得别人。

名人有约 MINGREN YOU YUE

陈友谅 特约嘉宾

越越 大嘴记者

嘉宾简介：红巾军领袖之一，于公元1360年登基称帝，定国号为汉。此人心狠手辣，为了权力六亲不认。他拥有强大的兵力，尤其是水军，本来可以与朱元璋抗衡，但由于性格骄纵，在决战中犯了致命的错误，最终败给了朱元璋。

越　越：皇上您好。

陈友谅：你看我现在的样子很好吗？有什么话赶紧说，后面还有追兵呢！

越　越：好的，据我所知，以前您是为朝廷办事的，日子过得还不错，不像朱元璋活不下去了才参军，也不像张士诚与朝廷有深仇大恨，那究竟为什么要参军呢？

陈友谅：哼，在乱世之中，谁不想成就一番大事业，谁甘心一辈子庸庸碌碌，无所作为？

越　越：说得好像有道理，那您认为自己有那个能力吗？

陈友谅：当然有。

越　越：为什么？

陈友谅：因为我很强。

越　越：能举个例子吗？

陈友谅：我的水军……

越　越：呃，这个我们都知道了。

陈友谅：我的战船……

越　越：呃，这个我们也知道。

陈友谅：我的锅……

越　越：您的锅？这跟锅有什么关系？

陈友谅：哼，这你就不知道了吧？我曾经仿效诸葛亮造了两口锅，一口用来煮饭……

越　越：煮饭？这有什么了不起吗？

陈友谅：你可别小看这口煮饭的锅。它有三个眼，上眼出气，中眼进水，下眼出

名人有约

水。拿它来做饭，可以一边下米，一边盛饭，士兵饿了随时都有饭吃，而且怎么都吃不完。

越 越：哇，听起来好像很厉害的样子。那还有一口锅呢？

陈友谅：哼，那是一口"刑锅"，一旦发现那些贪赃枉法、欺压百姓的官吏，我就把他们丢到锅里煮了。

越 越：（捂嘴干呕）不好意思，我有点适应不了那画面。对了，既然您这么强，怎么会败给朱元璋了呢？

陈友谅：哼，还不是因为他运气好。要不是关键时刻刮起那阵东北风，我怎么会败给他！

越 越：呃，似乎有些道理，可除了这个原因，还有别的原因吗？

陈友谅：都是因为朱元璋这个人太卑鄙！

越 越：这话怎么说？

陈友谅：我被困在鄱阳湖时，他给我写了一封信，信中大肆侮辱我，让我心神不宁。

越 越：他怎么侮辱您的？

陈友谅：他说他本来不想招惹我，是我先招惹他的，结果又打不过他，可我还不知悔改，一而再，再而三地向他挑衅，如今落得这个下场，都是我咎由自取。他劝我向他投降，去掉帝号，向他俯首称臣，不然就杀我全家。哇呀呀，气死我啦！

越 越：啊，别生气，别生气。看来您把这次失败的原因都归结在朱元璋身上了，那您自己就没一点过错吗？

陈友谅：我有什么错？

越 越：比如，当初您应该先攻打应天府，而不是洪都……

陈友谅：哼，提起洪都我就来气……（此处省略一万字。）

越 越：好吧，今天的采访就到这里了，您还是赶紧逃命去吧。

（此次采访于陈友谅逃亡之前。）

81

广告铺

对康茂才的表扬公告

前几年,我提出了军粮自给自足的策略,这一点康茂才做得很好,今年(公元1363年)他的部队共收获了一万五千多石粮食,除了军饷自足外,还剩下七千多石粮食,特此提出表扬,希望其他将士们再接再厉,向康茂才看齐。

朱元璋

废除陈友谅的苛政

曾在陈友谅治下的百姓听着,陈友谅已经被我消灭了,从今天起,他制定的一系列苛政都将被废除,你们将享受到我朱元璋制定的宽大政策,其中包括赋税、徭役等相关政策,希望大家积极配合。

朱元璋

谁能将镂金床熔为黄金

陈友谅大肆搜刮民脂民膏,生前生活十分奢侈,现从他住的地方缴获镂金床一张,做工精巧,另外还有同样精巧的器皿若干件。这些本应供朱元帅等级的人物享用,但元帅英明,命人将它熔掉。若有哪位工匠可以将它熔掉,化为黄金,记大功一件。

江西行省

穿越报
CHUANYUE BAO

第 6 期
公元1364年—公元1367年

俩吴王的决战
朱元璋 篇

【烽火快报】
- 朱元璋终于称王了

【叱咤风云】
- 细数那些背叛过朱元璋的人
- 除掉第二个邻居张士诚
- 小明王在瓜步淹死了

【名人有约】
- 特约嘉宾：朱元璋

【广告铺】
- 求能长期合作的茶商
- 禁止非法私营茶叶
- 江浙地区的赋税高于其他地区

【智者为王】
- 第2关

穿越必读 CHUANYUE BIDU

朱元璋一直谨记"高筑墙，广积粮，缓称王"的九字方针，直到打败陈友谅后，才终于称了吴王，恰好张士诚也称吴王，于是一场不可避免的决战，在两个吴王之间产生了，那么到底是朱吴王厉害，还是张吴王厉害呢？

烽火快报 FENGHUO KUAIBAO

朱元璋终于称王了
——来自应天府的加密快报

公元1364年，应天府传来一个消息：朱元璋终于称王了，尊号是"吴王"！

在这之前，朱元璋为了使朝廷对他放松警惕，一直谨记朱升送他的九个字"广积粮，高筑墙，缓称王"，如今，最大的敌人陈友谅已经被消灭了，剩下的张士诚也不足为患，朱元璋终于能放心地称王了！

消息一出，朱元璋手下的将士们都松了一口气，等了这么久，终于等到元帅称王了，从今以后，咱们就跟着吴王好好干，一定能干出一番大事业来！

有趣的是，在公元1363年九月，张士诚脱离了元朝的控制，在苏州复立为王，称的也是"吴王"。

这可好了，一下有两个吴王，该怎么区分他们俩呢？

为了防止混淆，百姓们就称张士诚为"张吴王"，称朱元璋为"朱吴王"。

据最新传来的消息，朱吴王下一个要对付的目标不是别人，正是张吴王！

眼看两个吴王之间的战争就要开始了，究竟谁胜谁负，让我们拭目以待！

来自应天府的加密快报！

HONGYAN CHUAN SHU 鸿雁传书

朱元璋赏赐不公，我要跳槽

穿穿老师：

您好。您还记得我吧？洪都那一仗，我们打得很艰苦，因为洪都一旦失守，应天府就会有危险。我们拼死抵抗，最后总算保住了洪都城。

按理说，在这场战争中，我的功劳最大，得到的赏赐应该也最多。可是在论功行赏的时候，我只是跟我叔叔谦虚了一下，说了一句："叔父成了大业，何患不富贵。先给亲戚封官赏赐，何以服众？"结果，他就真的赏了所有的将士，唯独把我晾在了一边！

眼看部下们一个个都调到中央去了，只有我还在小小的洪都窝着，我实在是咽不下这口气。既然叔叔做事这么不公，那我也没必要跟他干下去了，我准备去投靠张士诚，您看怎么样？

朱文正

朱将军：

您好。您说您，有什么好谦虚的呢？想要赏赐就直说嘛，搞成现在这种局面，大家都不开心。

朱元璋本来是准备重赏您的，您这么一谦虚，他觉得您这个侄子还挺懂事，心里特高兴。因为现在正是他收买人心的时候，所以就先给别人赏赐了，反正日后他要是大富大贵了，肯定少不了您一份。

无论怎样，我建议您不要背叛朱元璋，因为背叛他的下场是很惨的！

《穿越报》编辑 穿穿

【不久后，朱文正准备去投靠张士诚，结果被朱元璋发现了。朱元璋大怒，把朱文正圈禁起来，直到他死去。】

叱咤风云 CHIZHA FENGYUN

细数那些背叛过朱元璋的人

前不久,朱文正的背叛让朱元璋十分痛心,同时也葬送了朱文正自己的大好前程。其实,朱元璋这一路走来,历经了很多背叛。下面,就让我们细数一下那些曾经背叛过朱元璋的人吧。

第一个是绍荣。

朱元璋手下有三大悍将:徐达、常遇春,还有一个就是绍荣。绍荣与朱元璋一同起事,打过很多仗,立下过赫赫战功。朱元璋一直把他当做好朋友、好兄弟,而他却在背后捅了朱元璋一刀。

那是公元1362年,绍荣刚刚平定了一场叛乱,回到应天府后,就与同事赵继祖商量着暗杀朱元璋、投奔张士诚的事儿,不料被朱元璋发现了。朱元璋设了一场宴,把二人请来,当场锁了他们的脖子。

我们一直是好朋友、好兄弟啊!

叱咤风云

CHIZHA FENGYUN

想起往日的情分，朱元璋流着泪，痛苦地问："绍荣啊绍荣，我们在濠州城就认识了，一起打了这么多年仗，将来一旦功成，便可共享荣华富贵，你为什么要背叛我啊？"

绍荣也痛苦极了："唉，不是我想背叛你，只是打了这么多年仗，不能与妻儿相聚，实在是太苦了，所以想杀了你。"说完号啕大哭。

赵继祖在一旁见了，抱怨说："哭什么哭，我叫你早点动手，你不听，现在落得这么个下场，真够窝囊的！"

朱元璋没有多说什么，流着泪为他们倒了几杯酒，最后才下令将两人勒死了。

第二个背叛朱元璋的是谢再兴。

谢再兴是朱文正的岳父，跟朱元璋是亲家，也是他手下的一名得力大将。有一次，朱元璋擅做主张，把谢再兴的二女儿嫁给了大将徐达，谢再兴很不满，但这时还没想着背叛朱元璋。

后来有一次，谢再兴为了捞钱，派两个亲信去张士诚的

叱咤风云 CHIZHA FENGYUN

地盘上做生意，这事儿被朱元璋发现了。朱元璋很生气，砍了这两人的脑袋后又挂到谢再兴的办公室里，还派了个人去管束他。

谢再兴气坏了："好你个朱元璋，把我女儿嫁出去，却不让我知道，现在又派人来监视我！"他一气之下，就投奔了张士诚。

后来，谢再兴又掉过头来打朱元璋，他吃了几次败仗，从此下落不明。

第三个背叛朱元璋的是郭天爵。

郭天爵是郭子兴的小儿子，也是朱元璋的小舅子。当年郭天叙死后，军权就落到了朱元璋手里，郭天爵很不满，一直想将爸爸和大哥的位子夺回来，就叫来一帮郭子兴的旧部，想偷偷弄死朱元璋，可惜又被朱元璋发现了。朱元璋毫不手软，立刻把这位小舅子杀掉了。

这些背叛朱元璋的人，要么是他的兄弟，要么是他的亲人，如果说连这些人都不可靠的话，那世间还有谁是可靠的呢？从这以后，朱元璋就犯了疑心病，总觉得谁都不可靠，谁都有可能成为下一个背叛他的人。

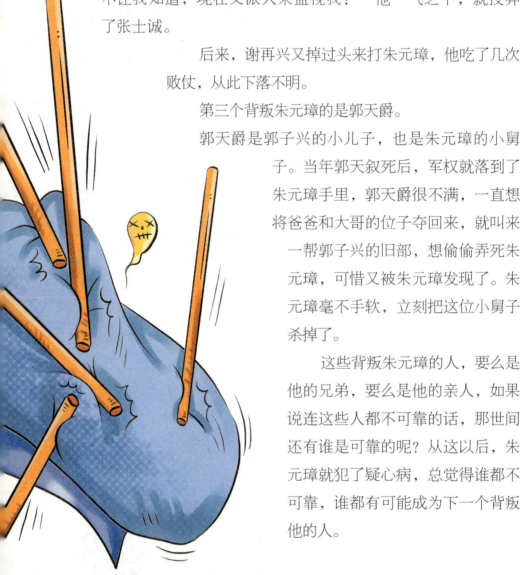

嘻哈园

叱咤风云 CHIZHA FENGYUN

除掉第二个邻居张士诚

　　公元1367年初,朱元璋终于向他的第二个邻居——张士诚发起了总攻。在大军出发前,朱元璋还给张士诚罗列了八大罪状。

　　第一宗罪:张士诚原本是个贩卖私盐的,干的是违法的勾当。

　　第二宗罪:张士诚曾经向元朝诈降,欺骗过政府。

　　第三宗罪:张士诚的兵马不过几万人,地盘也不足千里,他居然还敢称王,不知天高地厚!

　　第四宗罪:之前我朱元璋向你示好,可你张士诚却不领情,公然向我挑衅,被我打败后,又畏首畏尾,向元朝诈降,真够小人!

　　第五宗罪:张士诚表面上归顺朝廷,而实际却在自己的地盘上称王称霸,还挟持朝廷派来的丞相,真够虚伪!

　　第六宗罪:张士诚占据江浙鱼米之乡,却十年不向朝廷纳贡。

　　第七宗罪:张士诚公然谋害朝廷派来的大臣。

　　第八宗罪:张士诚仗着地势险要,粮草充足,就胆大包天

叱咤风云
CHIZHA FENGYUN

引诱我部将叛变，抢夺我边境百姓，其罪真是不可饶恕！

给张士诚罗列了八大罪状后，朱元璋便领着几十万兵马，直奔张士诚老巢——平江而去。为了表明自己是仁义之师，朱元璋特意告诫部下：要好好打仗，不许乱杀无辜，不许掘人家坟墓，烧人家房子，抢人家老婆。

接着，两个吴王之间的战斗开始了！

朱元璋的几十万大军将平江城围得水泄不通，步兵、炮兵、弓箭手轮番上阵，一顿狂轰滥炸，张士诚在城中苦苦支撑，始终不肯投降，直到八个月后，平江才终于被朱元璋攻破，张士诚一看完蛋了，跑回家里准备上吊自杀，却被部下救了下来。

接着，张士诚被押到应天府接受审判，判官是李善长。审判时，不论李善长说什么，张士诚都始终耷拉着眼皮，一声不吭。

在李善长的大声呵斥下，张士诚总算抬了抬眼皮，轻蔑地说："你狗仗人势。"

李善长气得一拍桌子："你个私盐贩子，吃了败仗还

叱咤风云 CHIZHA FENGYUN

敢跟我横！"

见张士诚油盐不进，朱元璋只好亲自出面了，问："张士诚，你还有什么话说？"

张士诚瞟了朱元璋一眼，平静地说："朱元璋，我之所以输给你，并不是因为你比我强，只不过是因为上天眷顾你而没有眷顾我罢了。"

朱元璋大怒，心想这人真是敬酒不吃吃罚酒，于是叫人用弓弦把张士诚绞死了。

小明王在瓜步淹死了

朱元璋刚刚打败张士诚，全军上下还在庆祝狂欢呢，瓜步就传来一个噩耗：小明王韩林儿坐的船在瓜步渡口翻了，小明王被淹死了。

这是怎么回事呢？

原来，朱元璋打败陈友谅和张士诚后，便成了天底下最大的军阀，尽管这样，可他名义上依然还是小明王的臣子。如今，小明王被朱元璋安置在滁（chú）州，这未免不大妥当，于是，作为臣子的朱元璋便想把他接到应天府来。

朱元璋将这件事交给大将廖永忠去办，出发前，廖永忠信誓旦旦地说，一定将小明王完好无损地带回应天府，谁知走到半路，小明王的船在瓜步渡口翻了，小明王和他的亲信都被淹死了，只有廖永忠和部下完好无损地回来了。

朱元璋很恼火，把廖永忠叫来大骂了一顿。

部下们都为廖永忠叫屈，争辩说船翻以后，廖永忠曾不顾自己的性命去救人，可最终还是无力回天，没能把小明王捞起来。

朱元璋听后点点头说："好吧，既然这样，那也是没有办法的事情了。"就这样，廖永忠护驾无力，害得小明王被活活淹死，最后却只挨了一顿训就了事了，这可真是一件怪事。小明王的死真的只是一场意外，这是一场早就安排好的阴谋？百姓们对此议论纷纷。

百姓茶馆 BAIXING CHAGUAN

小明王到底是怎么死的

依我看，小明王根本就不是意外翻船被淹死了，而是被朱元璋杀掉了！你们想想，以朱元璋如今的势力，足以称王称帝了，还会甘心屈于小明王之下吗？所以他一不做，二不休，干脆把小明王杀掉了。

刀客老张

渔夫小阳

朱元璋想称帝就称帝呗，为什么一定要杀掉小明王？小明王多可怜啊，做了那么多年的傀儡皇帝，最后还是被害死了。

这你就不知道了吧，如果小明王不死，朱元璋作为他的臣子，怎么能名正言顺地称帝呢？这不是造反吗？所以，朱元璋要称帝，小明王就非死不可。

刘屠夫

苏举人

可我觉得朱元璋应该不是那种不忠不义的人，记得当初，朱元璋为了援救安丰，连应天府都丢下不管了。所以我认为，小明王就算是被谋杀的，也不是朱元璋下的令，而是廖永忠自作主张，替朱元璋除掉了这个障碍。

名人有约

MINGREN YOU YUE

越越 大嘴记者

朱元璋 特约嘉宾

嘉宾简介：大浪淘沙，淘尽无数英雄人物，而朱元璋就是最后剩下来的那一个。他先是取代了郭子兴的位置，接着打败了陈友谅和张士诚这两大军阀，之后小明王韩林儿又死于"意外"，如今放眼天下，除了元朝政府，已经没有可与他抗衡的力量了！

越　越：吴王殿下好。记得上次见到您时，您才刚刚夺取了南京。想不到十年不见，如今您已成了红巾军中最强大的一股力量，可喜可贺。

朱元璋：这还远远不够，我的目标并不仅仅是这样。

越　越：您的目标是打垮元朝政府，将他们彻底赶出中原，对不对？

朱元璋：对。

越　越：在这种局面下，我很想知道您对元朝政府有什么看法？

朱元璋：元朝刚建立的时候还是很不错的，君主英明，大臣贤德。比如元世祖忽必烈，就是一位值得人学习的明君，在他的带领下，百姓安居乐业，丰衣足食……

越　越：等等，您说的那是蒙古草原上的元朝政府吧，那会儿他们还没入主中原，南宋还没灭亡呢。

朱元璋：对，事情就要从南宋被灭说起，元朝政府千不该，万不该入主我们中原，凭什么让他们来统治呢！

越　越：您说的对！

朱元璋：而且元朝政府自打入主中原后，纲常败坏，动不动就废长立幼，臣弑君，弟弑兄，把伦理道德全都抛到九霄云外去了。这样怎能给天下的

名人有约 MINGREN YOU YUE

臣民做一个好榜样！

越　越：没错，请问您对元朝政府还有什么别的意见吗？

朱元璋：最主要的就是元朝官员贪污受贿，百姓民不聊生！这样的朝廷还要来做什么！

越　越：没错，那如果有一天您当上了皇帝，会怎么对待他们呢？

朱元璋：这个嘛，你知道元朝政府将人分成四等，汉人和南人的地位居然是最低的！其实早在红巾军起义前，就发生过一些小规模的农民起义，当时元朝的丞相叫伯颜。你猜他是怎么处理这事儿的？

越　越：我猜不着。

朱元璋：（气愤）这家伙居然向皇帝上奏，要求杀光张、王、刘、李、赵五大姓的汉人！

越　越：我的个乖乖，照这五大姓在汉人中所占的比例，伯颜这是想把汉人杀光啊！

朱元璋：没错，他就是这个意思！还好皇帝没跟着他一块儿发疯，否则汉人真要灭族了。

越　越：这事的确是太不可思议了！将来您当上皇帝后，会不会以牙还牙，把他们也定为二等、三等或者四等公民？让他们也尝尝那是什么滋味？

朱元璋：这是必须的！

越　越：真的？

朱元璋：哈哈，开玩笑啦！其实我很讨厌这种等级制度，将来我要是当上了皇帝，不管是汉族人、蒙族人还是色目人，只要他们遵纪守法，统统都是我的好臣民，我会对他们一视同仁，绝不偏心。好啦，我有些累了，今天就到这里吧。

越　越：好的，您早点休息，我们下次见。

广告铺

求能长期合作的茶商

大家都知道，我们西域的人喜欢吃牛肉、羊肉等油腻的食物，这些食物吃到肚子里很不容易消化，幸好中原的茶叶能帮我们解决这个问题，因此我们一直在购买中原的茶叶。这次我来中原，是想寻找一个能长期合作的茶商，要求：价格便宜，存货量大，有意者快与我联系吧！

赫连

禁止非法私营茶叶

百姓们听着，茶叶和盐一样，买卖权属于国家，未经朝廷允许，百姓不准私自贩卖。茶商们可以少量贩卖，但必须先去当地官府登记，而且每贩卖一百斤茶叶，要向官府缴纳二百钱。至于那些非法私营茶叶的人，与贩卖私盐者同罪！

朱元璋

江浙地区的赋税高于其他地区

江浙地区的百姓听着，你们作为逆贼张士诚辖下的臣民，我本想宽大为怀，对你们既往不咎，可你们不知好歹，一心向着张士诚，因此我决定对你们略施惩戒。从今以后，江浙地区的赋税要高于其他地方的，任何人不得有异议！

朱元璋

智者为王 ZHIZHE WEI WANG

第2关

智者无敌 王者为大

1. 朱元璋夺取南京时，红巾军中最富裕的是谁？兵力最强大的又是谁？
2. 张士诚是真心投靠元朝吗？
3. 张士诚原本的身份是什么？
4. 高邮之战的双方分别是谁？
5. 陈友谅称帝后的国号是什么？
6. 面对两个强邻，朱元璋选择先打陈友谅还是先打张士诚，为什么？
7. 朱元璋攻下集庆后改名为什么？
8. 洪都之战的双方分别是谁？
9. 陈友谅的水军厉害还是朱元璋的水军厉害？
10. 陈友谅在哪场战争中彻底输给了朱元璋？
11. 朱元璋在鄱阳湖之战中用什么方法取得了胜利？
12. 朱元璋称为什么王？
13. 朱文正背叛朱元璋的下场是什么？
14. 朱元璋的疑心重吗？
15. 小明王是怎么死的？
16. 朱元璋在哪一年打败了张士诚？

穿越报

CHUANYUE BAO

【烽火快报】
- 朱元璋称帝了

【绝密档案】
- 当皇帝还要再三推让？

【叱咤风云】
- 轰轰烈烈的北伐战争
- 被炮烙的元朝大将

【名人有约】
- 特约嘉宾：妥欢帖睦尔

【广告铺】
- 关于官员乘车乘轿的规定
- 告前朝官兵

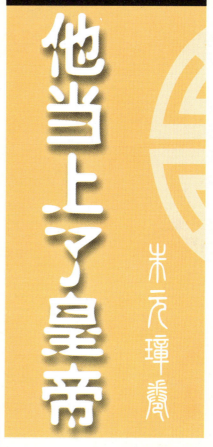

第 7 期
公元1368年—公元1370年
他当上了皇帝
朱元璋卷

穿越必读 CHUANYUE BIDU

公元1368年正月，朱元璋终于在南京称帝，国号为"大明"，一个崭新的王朝就此诞生了！接着，朱元璋向元朝发起了进攻，同年八月，朱元璋攻破大都，结束了元朝在中原近百年的统治。

烽火快报 FENGHUO KUAIBAO

朱元璋称帝了
——来自应天府的加密快报

公元1368年正月初四，朱元璋在应天府称帝，定国号为"大明"，年号"洪武"。

消息一出，举国欢庆，百姓们盼了近百年，总算盼到一个足以与元朝抗衡的新政府了。尽管元朝政府还没有被彻底消灭，但大家相信，在大明洪武皇帝的带领下，一定很快就能推翻元朝，过上好日子！

同时，有人产生疑问，朱元璋为什么将国号定为大明呢？

有人说，朱元璋出身明教，所以将国号定为大明。可为什么是"大明"，而不是"明"呢？原来，明教很早以前就有"明王出世"的传说，而前面已经有一个小明王了，为了显示自己才是正牌明王，所以朱元璋将国号定为大明。

也有人说，朱元璋之所以定国号为大明，是因为按照阴阳五行的说法，南方为火，北方为水，而朱元璋正好在南方，元朝政府在北方，所以朱元璋要用南方的火来制北方的水。

总之，不管怎样，一个新的王朝——明朝诞生了。朱元璋做皇帝后，还不忘追封自己的祖先，将自己的四代祖父追封为皇帝，四代祖母追封为皇后。这些朱家的祖先们，恐怕做梦都没有想到，世代都是贫农的朱家居然有一天能过把皇帝、皇后瘾。

JUEMI DANGAN 绝密档案

当皇帝还要再三推让？

有人爆料说，要朱元璋当皇帝可不容易，他光是推让就推了好几次。奇怪，当皇帝为什么还要推让呢？难道朱元璋不想当皇帝吗？当然不是，其实呀，这只是新皇帝的一种"惯例"表演，用来表示新帝的谦逊。

那么，这表演的过程是怎样的呢？让我们来回顾一下吧。

小明王刚死的时候，李善长就给朱元璋上书说："现在四方群雄都被殿下消灭了，天下百姓无一不归顺您，可见这是上天要让您做皇帝。希望殿下能顺应天命，早早登基，免得大家眼巴巴地盼望啊！"

朱元璋却说："不行啊，天下还没有统一，很多地方还乱着呢。"

过了半年，到年底了，李善长再次上书，他先大大赞扬了朱元璋一番，最后依旧请求他早日登基。其实这时候，朱元璋早已把登基所需的一切都准备好了：新的历法，新的法律，龙袍，百官的朝服，就连登基大典都排练了好几遍了，可朱元璋还是推辞说："不行啊，我的功德还不

够,不能当这个皇帝。"

朱元璋要将这场表演进行到底,李善长也只好全力配合,"砰"的一声跪在地上,说:"上天派您下凡,本就是让您造福百姓的。如果您坚持不肯登基,可叫天下的百姓怎么办呢?这些年来,您带领大伙儿除暴安良,救百姓于水火之中,功劳盖世,天地可鉴。所以臣等以死相请,希望殿下顺应天命,早日登基。"

朱元璋却再一次推辞了。

李善长不死心,第二天一大早,又带着文武百官跑来说:"殿下谦虚,大家都已经看到了,就连上天都被您感动了,可是这一次,为了天下

为了百姓,殿下还是早日登基吧!

JUEMI DANGAN 绝密档案

的黎民百姓，殿下您就答应了吧。"

这时，朱元璋见戏也演得差不多了，只好"勉为其难"地说："那好吧，既然这是上天的旨意，那我也只好顺应天命了。不过事关重大，不能草率，你们回去商量商量各项礼仪吧。"

百官们一听，立刻喜滋滋地跑回去，开始商量怎么举办朱元璋的登基大典。首先得选个好日子，由于刘基上知天文，下知地理，是鼎鼎有名的"活神仙"，所以这事儿就交给他来办。

刘基选的好日子是公元1368年的正月初四。当时已经到十二月中旬了，天空常常阴云密布，还时不时下场雪。朱元璋就很担心，万一到了登基那天，天气还是这么阴暗，可就太不吉利了，于是诚心向上天祭告了一番，希望登基那天风和日丽。

到了正月初四，天空果然转晴了，朱元璋心情大好，穿上早就精心准备好的龙袍，在文武百官的簇拥下，登上了皇帝的宝座！

天气不错，是登基的好日子！

嘻哈园 XIHA YUAN

百姓茶馆

BAIXING CHAGUAN

新皇帝跟朱熹是亲戚？

听说我们的新皇帝是宋朝儒学大师朱熹的后人，这是真的吗？

陈小二

某算命先生

嘿嘿，这事儿是真是假，还不是皇帝自己说了算。但凡帝王登基，都喜欢给自己捏造一个显赫的身世，免得家谱拿不出手。唐朝的武则天不就是那样嘛，说自己是周平王的后人。可人家姓姬，她姓武，八竿子都打不着的事情，硬被她说得跟真的一样。所以当今皇帝要是想认朱熹做祖宗，朱熹就算不干也不行啊！

你们少在那里胡说，当今陛下才没有想认朱熹做祖宗呢。倒是有人想把陛下和朱熹拉到一块儿，可陛下不干，说要实事求是，不能在这种事情上弄虚作假。所以咱们的陛下还是很诚实、很英明的，你们不要在这里说他的坏话。

某小吏

杂役小李

是啊，陛下自己也说了，他本来是一介草民，出生在社会的最底层，后来是靠自己的实力夺取了天下，而不是靠祖宗！

105

叱咤风云 CHIZHA FENGYUN

轰轰烈烈的北伐战争

朱元璋登基后,并没有放松警惕,因为他还有最后一个敌人——元朝政府!

早在除掉张士诚的时候,朱元璋就开始准备北伐战争了。他知道,这将是一场非常艰苦的战斗。自古以来,由于地理条件等原因,由北向南进攻势如破竹,而由南向北进攻却很难成功。

朱元璋找来大将徐达、常遇春等人商量对策。他分析了一下天下大势,发现最难对付的就是河南的王保保。不过这个王保保生性狂妄、专横跋扈(báhù),朝廷对他多有顾虑,部下也不大服他,所以对付他应该不成问题。

分析完天下大势后,朱元璋问:"各位有什么高见吗?"

常遇春大声地说:"管那么多,先拿下大都再说!"

大都是元朝的都城,所以常遇春认为只要攻破大都,就能夺取整个天下。朱元璋却摇摇头,大都作为元朝的都城,已经有一百多年的历史了,城墙必定十分坚固,易守难攻。如果不能一举攻破大都,明军的后方又太远,万一粮食供应不上,元军的后援一到,明军就完蛋了。

CHIZHA FENGYUN 叱咤风云

那到底怎么打呢?

朱元璋微微一笑,说出了自己的计划:先打山东,因为山东是大都的屏障,攻下山东,大都的屏障就没有了,接着打河南,把大都的羽翼切掉,之后夺取潼关,把大都的门槛堵死。这样一来,大都就变成了瓮里的王八,任由我们抓了。拿下大都后,我们再往西北方向打,一鼓作气拿下整个江山!

大家一听,都拍手叫好。于是,朱元璋任命徐达为大将军,常遇春为副将军,准备向北出发。临行前,朱元璋再三叮嘱大家,这次北伐目的在于顺应天命,平定祸乱,安定百姓,所以在攻城略地的同时,一定要注意不许乱杀人,不许骚扰百姓,更不许掘人家坟墓,烧人家房子,抢人家老婆,甚至连农具、耕牛都要保护好。

就这样,轰轰烈烈的北伐战争开始了。战争进行得非常顺利,很快,元军就败得一塌糊涂。

公元1368年农历八月,徐达攻入大都,元朝皇帝听说明军来了,吓得半夜就从建德门溜走了。很快,明军进城,朱元璋把大都改名为北平,统治了中原九十七年的元朝政府就此灭亡了。

被炮烙的元朝大将

北伐战争虽然已经过去了,但百姓们对这场战争仍旧津津乐道,其中,元朝大将陈友定被朱元璋炮烙一事,令很多人都感慨不已。

那是公元1368年,朱元璋手下大将汤和平定福建,活捉了元朝大将陈友定。陈友定和朱元璋一样,家里世世代代都是贫农,但与朱元璋不同的是,陈友定得到朝廷的赏识,在官场上一

CHIZHA FENGYUN 叱咤风云

路飞升,最后做到了封疆大吏。因此陈友定虽然是汉族人,但他却对元朝朝廷感恩戴德,忠心耿耿。

兵败之后,陈友定对身边的人说:"你们各自逃命去吧,我要以死报国。"

等部下都走光了,他一个人坐在大堂里,准备吞药自杀,刚把毒药吞下去,明军就到了,发现他还没断气,就欢天喜地把他抬去领赏。走到半路,一场大雨突然下起来,这下把陈友定给浇醒了。于是明军给他戴上枷锁,并押送到应天府。

朱元璋听说这个傻瓜要为元朝殉国,很生气,责问道:"元朝已经灭亡了,你还在为谁守城?"

陈友定梗着脖子说:"少废话,有本事就杀了我!"

朱元璋勃然大怒,立刻命人把他和他儿子拖到闹市中,施以炮烙之刑。炮烙,就是把人绑到一根烧得通红的铁柱上,活活烫死,是一种非常残酷的刑法。

就这样,陈友定和他的儿子被绑到红通通的铁柱上,一阵凄厉的哀嚎之后,化成了飞灰。

鸿雁传书 HONGYAN CHUAN SHU

常遇春是被吓死的吗

穿穿老师：

您好，不知您有没有听说大将常遇春去世的消息，大家都说常遇春是病死的，可我最近却得到一个小道消息，说常遇春竟然是被吓死的！

原来，常遇春虽然打仗很勇猛，但却是个"妻管严"，除了老婆外，别的女人一律不敢碰。陛下见常遇春没有儿子，就赏了两个美女给他延续香火。一天早上，有个美女给常遇春打了一盆水洗脸。常遇春看到端着盆的手，无心赞赏了一句："好白的手啊！"之后他就去上朝了，谁知下朝回来，美女的手臂就不见了，原来是被他夫人砍掉了。朱元璋知道这件事后，大发雷霆，趁常遇春出去喝酒时，派人把他夫人抓来，用她煮了一锅"妒妇汤"，之后又把常遇春叫来，赏给他喝。常遇春喝完才知道，自己刚才喝的竟是人肉汤，当场吓得狂吐不止。

从这以后，常遇春就吓出了癫痫病，后来病重发作，死掉了。

某小民

这位读者：

你好，你信上所说的故事，我也听过，但到底是真是假，我也不敢妄下定论。不过依我看，这个故事假的成分居多，为什么呢？第一，常遇春是朱元璋手下的一员猛将，朱元璋非常倚重他，应该不会擅自杀害他的老婆；第二，朱元璋虽然杀过不少人，但手段通常不会如此残忍；第三，常遇春作为一员虎将，曾砍去多少敌人的头颅，腥风血雨见得多了，又怎么会被一碗人肉汤吓成癫痫？

以上是我个人的看法，不过仁者见仁，智者见智，事实的真相究竟是怎样，恐怕只有常遇春自己知道啦！

《穿越报》编辑 穿穿

名人有约

MINGREN YOU YUE

越越 大嘴记者

妥欢帖睦尔 特约嘉宾

嘉宾简介：元朝第十一位皇帝，也是元朝最后一位皇帝，谥号为"元顺帝"（徐达攻打大都时，元顺帝没有抵抗，直接逃跑了，朱元璋认为他很听话、很顺从，就给他取了个"顺帝"的谥号）。元顺帝逃出中原后，又在蒙古高原上建立了北元政权。

越　越：陛下您好，在蒙古高原上还住得惯吧？

妥欢帖睦尔：（愁眉苦脸）住得惯才怪，我生在中原，长在中原，从来没有过过这么苦的日子。

越　越：唉，陛下您想开点，不管怎么说，您还是皇帝不是？

妥欢帖睦尔：是皇帝又能怎样，和亡国之君有什么区别？（掩面）后代子孙评价我的时候，一定会说，妥欢帖睦尔这个亡国之君，把祖先辛辛苦苦打下来的江山都弄丢了！

越　越：别担心，陛下。我们相信后人一定会公正地评价您的，您为国家办的那些好事，大家是不会忘记的。

妥欢帖睦尔：比如？

越　越：恢复科举考试啊！据我们统计，元朝一共举行了十六次科举考试，其中有十次是您在位时举行的。在这十六次科举考试中，一共录取了一千一百三十九名进士，其中有七百名是您在位时录取的，占了整个元朝科举录取人数的绝大多数啊！

妥欢帖睦尔：听你这么说，我心里好受多了。

越　越：对了，在这之前，朝廷为什么要废除科举制呢？

111

名人有约 MINGREN YOU YUE

妥欢帖睦尔：还不是因为丞相伯颜。我刚即位那会儿，伯颜的势力大得不得了，连我都不放在眼里。伯颜很排挤南人，不但不准南人参政，甚至连他们的科举制度都取消了。

越　越：这个伯颜可真嚣张啊！

妥欢帖睦尔：后来我联合伯颜的侄儿脱脱把伯颜扳倒了，这才恢复了科举。

越　越：脱脱？就是高邮之战中与张士诚对阵的那个脱脱吗？哎呀，陛下您不知道，当时张士诚守了三个月，已经快撑不下去了，要不是您在关键时刻把脱脱召回去，高邮早就被攻下来啦！

妥欢帖睦尔：唉，我也是一时糊涂啊，生怕他造反，所以才赶紧把他召回来了。

越　越：那后来脱脱怎么样了？

妥欢帖睦尔：呃……

越　越：好的，我明白了，脱脱一定是难逃厄运，对吧？忠臣被冤杀的这种戏码是经常上演啊！对了，陛下，我有一个问题想不通，元军是出了名的能征善战，当年蒙古铁骑可是横扫整个欧洲大陆啊，为什么这次面对明军，却如此不堪一击呢？

妥欢帖睦尔：唉，那都是多年前的事了。这些年大伙儿在中原养尊处优，军队也变得松松垮垮，不堪一击了。更何况，就算有军队，也没有能领兵打仗的大将呀。

越　越：王保保呢？

妥欢帖睦尔：王保保不错，可是光靠一个王保保，也保不住大元的江山啊！

越　越：那倒也是。陛下，既然您这么放不下大元江山，当初为什么一声不吭地从皇宫里逃走了呢？

妥欢帖睦尔：你说这世界上谁不怕死呢？

越　越：呃……

妥欢帖睦尔：就算我不走，江山也一样保不住，还不如先保住一条命再说，留得青山在，不怕没柴烧。

越　越：说的也是。不过，陛下要是想再回中原恐怕是不可能了，祝您在蒙古高原上过得开心，陛下再见。

广告铺

关于官员乘车乘轿的规定

朝廷规定，百官都能乘车，但不是所有官员都能乘轿，武官以及三品以下的文官不准乘轿。还有，官员乘坐的车辆不许雕龙饰凤。除了皇帝外，无论谁的车轿都只能用青幔，不许涂用丹漆。另外，官员相遇，官阶小的人要给官阶大的人让道，或侧身站立，或回避。

希望各位官员能谨遵规矩，一旦发现有违反者，严惩不贷。

大明礼部

告前朝官兵

各位前朝官兵听着，你们作为前朝的余党，本该处以重罚，但我本着宽大为怀的方针，决定对你们既往不咎，并将你们迁到京城郊外耕地种田，希望你们好好表现，为朝廷效力。

朱元璋

（编者注：实际上是朱元璋担心这些人造反，因此将他们放到眼皮子底下好管理。）

第 8 期
公元1370年—公元1380年

富贵不忘本
朱元璋 篆

穿越报
CHUANYUE BAO

【烽火快报】
- 论功行赏，李善长为开国第一功臣

【绝密档案】
- 刘基的爵位为什么比别人低？

【叱咤风云】
- 一口气封了九个亲王
- 公认节俭的好皇帝
- "对弈楼"为何改名"胜棋楼"

【名人有约】
- 特约嘉宾：朱元璋

【广告铺】
- 推行义务教育
- 移民告示
- 关于设立社学的诏书

穿越必读 CHUANYUE BIDU

朱元璋当上皇帝后，并没有忘记跟他同生共死、浴血战斗的兄弟们，于是给他们一一封官加爵，并和其中一些人结成儿女亲家。尽管这样，朱元璋其实并不相信这些功臣们，他不断加强皇族的权力，生怕这来之不易的江山被人抢走了。

烽火快报

FENGHUO KUAIBAO

论功行赏，李善长为开国第一功臣
——来自应天府的加密快报

朱元璋当了皇帝，那些帮他打天下的弟兄也沾了光，一个个不是封了官，就是晋了爵。

功劳最大的人被封为公爵，其中有李善长、徐达、常茂（常遇春的儿子）、李文忠、冯胜和邓愈。其中李善长排名第一，为开国第一功臣。

被封为侯爵的有二十八位：汤和、周德兴、傅友德、康茂才、郭子兴（已经死了）等，清一色的武将。

朱元璋不仅赐予他们高官厚禄，享不尽的荣华富贵，并且还和这些功臣们结成了亲家，比如让皇子们娶了徐达、冯胜的女儿，还把公主们嫁给李善长、傅友德的儿子。

有些人的功劳极大，朱元璋还赐予了他们免死铁券，这可是个好东西。你要是一不小心犯了死罪，只要亮出这张免死铁券，就能免除一死。据说李善长一个人就得到了两张免死铁券呢。

那么刘基呢？名单中怎么没看到他的名字？神机妙算的刘基，不会连个爵位都没捞到吧？当然不是，刘基被封为伯爵，不过按照"公侯伯子男"的等级来看，伯爵比公爵和侯爵的地位都要低。

有人产生了疑问：在建国的过程中，刘基也曾立下过汗马功劳，而且不比名单上的人差，怎么就只被封为伯爵呢？这其中一定另有缘故。

来自应天府的加密快报！

绝密档案 JUEMI DANGAN

刘基的爵位为什么比别人低？

刘基的爵位为什么比别人低？我们的通讯员通过调查，终于查明了真相。原来在这之前，曾发生过一些事情，导致朱元璋对刘基有些不满。

建国初年，刘基担任御史中丞，当时有个叫李彬的大臣，是丞相李善长的亲信，因他犯了贪污罪，刘基查明情况后，准备杀掉他。李善长就去找刘基求情，谁知刘基一点也不买账，坚持要杀李彬。

李善长就说："京城可好久没下雨了，先生不该在这时候杀人吧。"意思是，如果刘基杀了他，就将天不下雨的责任推到他身上。

谁知刘基一点也不怕，说："杀了李彬，天自然就会下雨了。"就这样，李彬被刘基杀掉了。

李善长怀恨在心，从这以后，他什么事都跟刘基对着干，还教唆别人在朱元璋跟前诋毁刘基。时间一长，朱元璋对刘基也产生了不满，刘基在京城里待不下去了，就找了个借口，辞官回乡了。后来，朱元璋西征

JUEMI DANGAN 绝密档案

失败了，又想起刘基来，就把他召回了京城。

但这时候，刘基在朱元璋心中的地位已经不如以前了，因此只得到一个诚意伯的爵位。

后来，丞相李善长也辞官回家了，朱元璋想找个人接替他，就把刘基叫来问："你觉得杨宪怎么样？"

杨宪跟刘基是一伙的，朱元璋这样问，分明是在试探刘基。

刘基赶紧说："杨宪有丞相的才能，却没有丞相的气度，恐怕不行。"

朱元璋又问："汪广洋呢？"

刘基说："他的气量比杨宪还小。"

朱元璋又问："胡惟庸怎么样？"

刘基说："丞相对一个国家而言，就像驾车的马，要是让胡惟庸来当丞相，我担心他会把车弄翻。"

朱元璋看着刘基，意味深长地说："这么说，丞相这个位置只有先生你最合适了。"

刘基一听朱元璋的语气不太对，赶紧跪下说："我太疾恶如仇了，又没耐心处理那些繁琐的事，要我当丞相的话，恐怕会辜负陛下的期望。天下的人才那么多，陛下还是再挑选挑选吧！"

说完，刘基又加了一句："前面那几个人的确不适合当丞相。"

朱元璋听了很不高兴，从此以后，再也不跟刘基商量国家大事了。刘基在京城又待不下去了，只好再次辞官回家。

叱咤风云 CHIZHA FENGYUN

一口气封了九个亲王

除了封赏功臣，朱元璋当然不会忘记封自己的儿子们。根据嫡长子继承制度，大儿子朱标毫无疑问被立为太子，那么其他儿子呢？他们全被立为亲王。就这样，朱元璋一口气封了九个亲王。

亲王有自己的封地、王府、军队，仅仅比天子低一等，可见皇子们的待遇还是很不错的，于是他们一个个去磕头谢恩，朱元璋慈爱地看着儿子们，心里暖洋洋的。

一家人正其乐融融的时候，一个人出来唱反调了，他叫叶巨伯，是山西平遥县学里的一个老师。叶巨伯给朱元璋写了一封信，指出这种分封制度的弊端，如今朱元璋刚刚当上皇帝，就一口气封了九个亲王，如果以后朱元璋有更多儿子，就要封更多的亲王，亲王一多，国家就会变得不稳定，这是为什么呢？

因为亲王的权力太大了，万一造起反来，只怕连中央都控制不住。

叶巨伯明白朱元璋的心思，亲王和皇帝是一家人，怎么会造反呢？可事实并不是这样。叶巨伯还举了一个例子，比如汉景帝时期就发生过七国之乱，这七国的王都姓刘，与汉景帝有同一

叱咤风云

个祖父,最后不还是反了吗?

叶巨伯的这封信说得头头是道,还列举出了有力证据,可朱元璋看了却勃然大怒:"这小子想离间我们父子的感情,快把他给我抓来,我要亲手弄死他!"

可怜的叶巨伯,一片好心却招来了杀身之祸。大臣们知道这件事后,很不忍心,于是等朱元璋的怒火稍稍平息之后,才把叶巨伯交给他。尽管这样,朱元璋还是判了叶巨伯一个终身监禁。

有人想不通,叶巨伯说得明明很有道理,朱元璋为什么不领情呢?

有人通过分析,得出三个原因。

一、朱元璋是一位慈父,在他心中,子孙们应该是团结的、友好的、血浓于水的,他从来不曾想过朱家的子孙会像刘家的子孙一样发生内斗。

二、朱元璋是一个多疑的人,除了自己的至亲骨肉外,他不相信任何人,所以只有把权力分给自己的子孙们,他才放心。

三、朱元璋吸取了宋朝灭亡的教训,当初宋朝就是因为没有强大的诸侯王,才导致皇室孤立无援,朱元璋不希望这种情况发生在朱家子孙的头上,所以才给了亲王们那么大的权力,并把他们安排到全国各地,形成一道又一道防御线,用来抵抗外敌入侵。

那么,这种分封制度到底是好还是坏呢?一切只有让时间来证明了。

嘻哈园 XIHA YUAN

叱咤风云

公认节俭的好皇帝

明朝刚刚建立起来,百姓们对朱元璋这个新皇帝还不太了解,不过,有一点是大家公认的,那就是朱元璋是一位十分节俭的皇帝。

在朱元璋还是吴王的时候,他的节俭就已经远近闻名了。朱元璋灭掉陈友谅后,有人把陈友谅睡觉的床献给他,朱元璋一看,好家伙,整张床金灿灿的,晃得人眼睛都睁不开了,原来那是一张镂金床。

原来,像陈友谅、张士诚这些人发达后,便迫不及待地享受起来,不论吃的、穿的、戴的都必须和皇帝是一个级别的,只有朱元璋一个人还恪守着广大劳动人民"勤俭节约"的基本原则。

看着眼前金灿灿的镂金床,朱元璋丝毫不动心,下令立即销毁。

侍臣们都附和说:"陈友谅还没当上皇帝呢,就这么骄横奢侈,难怪会败给我们。"

朱元璋一听,严肃地说:"怎么,当了皇帝就能骄横,就能奢侈了吗?你们给我记住,一个人不论在什么时候,都不能有骄纵奢侈之心,否则陈友谅那下场就是他的下场!"

果然,朱元璋当了皇帝后,仍旧秉持着"勤俭节约"的基本原则,还说了一句至理名言:"珠玉非宝,节俭是宝。"

叱咤风云 CHIZHA FENGYUN

有一次，金华进贡了一种香米，朱元璋吃后赞不绝口，有人就建议，让这个地方的百姓进贡更多的香米来。朱元璋却摆摆手，说："不行，我不能为了个人的口舌之欲，加重百姓的负担。"

可是，这种香米实在是太好吃了，怎么办呢？朱元璋就叫人在皇家园林里开垦了几十亩良田，专门用来种香米。

还有一次，朱元璋巡视后宫时，发现地上散落着好多五颜六色的丝线，询问后发现这些都是宫女们丢弃的。朱元璋很生气，把宫女们叫来训斥说："你们也是平民出身，知道这些丝线来得多不容易，老百姓每天起早贪黑，辛苦纺织，才得到这一点丝线，如今却被你们拿来糟蹋了，这像话吗？"

接着，朱元璋又下令，从此以后，宫里谁要再敢肆意浪费东西，就砍了他的脑袋！

这事儿传开后，百姓们都拍着手说："这下可好啦，当今皇帝这么节俭，百姓的好日子也不远啦！"

珠玉非宝，节俭是宝。

百姓茶馆

"文盲"皇帝也会作诗

屠夫刘四：咱们的皇帝哪儿都好，就是跟我刘四一样，斗大的字不识两箩筐，文盲一个，哈哈！

书生小王：得了吧，你真以为陛下还是当年那个放牛娃呀。咱们陛下虽然没上过学，但他在寺庙里做和尚时自学过，他还研究过经文呢，到后来也是一边打仗，一边学习。虽然比不上那些文人才子，可陛下也不完全是"睁眼瞎"呢。

张秀才：是呀，咱们陛下还会作诗呢，不信听听他写的这首《咏菊花》："百花发时我不发，我若发时都吓杀。要与西风战一场，遍身穿就黄金甲。"怎么样，是不是很有气魄？

罗秀才：咦，这首诗与唐末农民起义领袖黄巢写的《咏菊》怎么这么相似，不信你们听听黄巢的《咏菊》："待到秋来九月八，我花开后百花杀。冲天香阵透长安，满城尽带黄金甲。"这两首诗简直是如出一辙呀！

某书肆老板：这叫借鉴，明白嘛？不管怎么说，以当今陛下的文化素质，能写出这样的诗已经很了不起啦！

鸿雁传书 HONGYAN CHUAN SHU

皇帝有点小心眼儿

穿穿老师：

　　您好，我是当朝的一位官员，具体名字就不透露了。最近朝中发生了一件事，我想说给您听听。

　　陛下刚登基时，曾下过一道诏书，免除江南百姓的秋税。可没过多久，陛下就后悔了，又下了一道诏书，要复征江南的秋税，这让百姓们空欢喜了一场。

　　这时，一个叫周衡的谏官就站出来了，说陛下失信于民，这是不对的，一番话把陛下说得面红耳赤，非常没面子。可陛下又不好当场发作，只好说："你说得对。"最后没有征收江南的秋税。

　　没过多久，周衡向陛下请假，说要回乡扫墓，陛下答应了，给了他六天的假。周衡回去后，不料有些事情耽搁了回程，直到第七天才赶回来。陛下大发雷霆，说："好你个周衡，你叫我守信，可自己却不守信！"当场下令，把周衡推出去斩首了！

　　您说陛下是不是有点小心眼儿，周衡又不是故意迟到的，再说就算是迟到了，也应该按迟到罪处罚，不能二话不说，就把人推出去砍头呀！

某官员

这位官员：

　　你好。你可能是刚刚入朝为官，跟陛下还不大熟。陛下这个人我接触过，属于那种有仇必报的类型，谁要是得罪他，绝不会有好下场。所以你以后千万要小心点，没事别去招惹陛下，否则招来祸患，可别怪小编没有提醒你哦！

《穿越报》编辑 穿穿

CHIZHA FENGYUN 叱咤风云

"对弈楼"为何改名"胜棋楼"

去过应天府的人都知道,应天府有一个大名鼎鼎的湖,叫莫愁湖,莫愁湖畔有一座大名鼎鼎的楼,叫"对弈楼"。对弈,就是下棋的意思。而"对弈楼"之所以叫这个名字,是因为当今天子朱元璋喜欢在这里下棋。

而就在前不久,朱元璋把"对弈楼"改名为"胜棋楼",还把它连同莫愁湖一同赐给徐达了,这是怎么回事呢?

原来,朱元璋知道徐达不仅会打仗,棋艺也很高超,于是隔三岔五地邀他来对弈楼切磋,而每次对弈,徐达都输。时间一长,朱元璋不禁有些怀疑:这小子是不是故意让我呢?可朱元璋又不能肯定。

叱咤风云 CHIZHA FENGYUN

于是一天，朱元璋又把徐达叫到对弈楼，摆开棋盘，说："爱卿啊，这一次你必须拿出真本事来。"

见徐达不说话，朱元璋又说："放心，不管谁胜谁负，我都不会怪你。"

徐达微微一笑，答应了。

两人棋逢对手，从清早杀到黄昏，连午饭都没顾得上吃，终于，朱元璋大显神威，一连吃了徐达两个子。

朱元璋眼看赢定了，忍不住想显摆显摆，就说："爱卿，你看这局怎么样？"

徐达微微一笑说："请陛下纵观全局。"

朱元璋仔细一看，顿时目瞪口呆，原来不知什么时候，徐达把棋子摆成了"万岁"二字。

朱元璋老脸一红，讪讪地说："爱卿赢了，朕确实不如你啊！"当即把"对弈楼"改名为"胜棋楼"，连同莫愁湖一同赐给了徐达。

名人有约

MINGREN YOU YUE

越越 大嘴记者

朱元璋 特约嘉宾

嘉宾简介： 元朝的终结者，大明王朝的开辟者。他励精图治，勤俭治国，为百官竖立了一个好榜样。他疾恶如仇，心怀天下，在打击权贵的同时，又对百姓施以仁政。在他的领导下，国家正一步步恢复，并走向一个光明而美好的未来。

越　越：陛下您好，咱们又见面了，每次见面，您都向上升一级，如今您都已经是大明的皇帝啦！

朱元璋：哈哈，还真是这样。

越　越：那您打算怎么治理这个国家呢？

朱元璋：嗯，这个问题问得好。作为一国之君，首先要为百姓着想。我从小生活在贫民区，对穷人的苦难深有体会。那些个财主，仗着自己有权有势，成天变着法儿地欺压穷苦百姓，所以我一定要想办法压制这些有钱人。

越　越：具体怎么做呢？

朱元璋：我曾经亲自对那些财主训话，要他们不要欺凌弱小，不要老打穷人家田地的主意，不要欺负小朋友，也不准虐待老人，要孝顺父母，兄弟和睦，看到那些穷苦人家，要献出自己的一点爱，把这世界变成美好的人间。

越　越：嘻嘻，陛下都亲自训话了，他们肯定不敢不听吧。

朱元璋：那也不一定，他们当面答应得好好的，说不定转身就变了。所以光训话还是不够的，后来我又想到一个办法，就是把他们迁到外地，不准回乡。远离自己的势力

名人有约 MINGREN YOU YUE

范围后,他们就没办法作威作福了。

越　越：这一招可真狠啊!

朱元璋：没办法,我也是被逼的。为了治理好天下,我把能想的办法都想尽了,晚上睡觉也睡不安稳,经常半夜爬起来看星星……

越　越：呃,原来陛下喜欢看星星,真浪漫。

朱元璋：嗨,你想什么呢,我那是研究星象呢,看国家最近有没有什么变故。

越　越：(冷汗)原来如此,是我想多了。

朱元璋：有时候我就在想啊,一个国家的经济应该以什么为基础呢?后来我发现应该以农业为本。可打了这么多年仗,田地都荒芜了,老百姓也都跑光了,这怎么办呢?我就发布诏书,招抚流亡人口,叫他们回家去种地,种得好的人有奖励,种得不好要惩罚。

越　越：可老百姓在外面流亡了这么多年,回去后一没农具,二没种子,怎么种地呀?

朱元璋：这一点朝廷早就替他们安排好了,统一发放耕牛、农具和种子,他们只管出力就行。

越　越：嘿,这个政策好。

朱元璋：还有教育方面也要抓好,我从小家里穷,没读过书,可我不能让我的臣民也当文盲吧,所以我准备派人去各地兴办学校,大力发展教育。

越　越：这个政策也不错。对了,我听说陛下对儒学情有独钟?

朱元璋：儒家学说好啊,教人们怎么尊师重道,孝顺父母,恪守规矩,安分守己。我认为,一个国家哪种人才都能缺,就是不能缺儒士。

越　越：呵呵,陛下言重了,大明朝人才济济,哪里会缺人才呀!

朱元璋：那倒也是。嗯,我有些累了,今天就到这里吧,我要去休息了。

越　越：好的,陛下再见,陛下保重。

广告铺

推行义务教育

为了提高我大明百姓的文化素质，我决定在全国范围内实行义务教育，凡是国子监、府学、州学、县学的在校学生，国家一律免费提供食宿，还可免其家中二人徭役。

朱元璋

（编者注：文中学校均为官办学校。）

移民告示

前些年，连年战乱，导致田地荒芜，人烟稀少，尤其临濠更是萧条冷落，满目疮痍，因此我决定迁一部分百姓过去，请被点到名的百姓积极配合官府，去那里后勤劳耕作，开创一个美好的家园。

朱元璋

（编者注：临濠即濠州，朱元璋称王后改为临濠府。）

关于设立社学的诏书

如今京城和郡县都有了学校，可乡村还没有设立学校，因此，我希望各乡镇的地方官员能积极兴办社学，用来教化当地百姓。

朱元璋

（编者注：社学是由朝廷支持地方建立的小学，可以说是县学、州学、府学的预备学校。）

第 9 期
公元1376年—公元1385年

剥了贪官的皮
朱元璋 著

穿越报
CHUANYUE BAO

【烽火快报】
- 剥了贪官的皮

【叱咤风云】
- 一个空印引发的重案
- 郭桓贪污案，三万多人被杀
- 袁凯装疯卖傻吃"狗屎"

【名人有约】
- 特约嘉宾：朱元璋

【广告铺】
- 招造船工匠两百名
- 关于科考的一些规定
- 国子监生每天背诵《大诰》一百字

【智者为王】
- 第3关

穿越必读 CHUANYUE BIDU

　　元朝时政治腐败，贪官横行，导致民不聊生，因此朱元璋一上台，立刻开始了一场规模宏大的肃贪运动。流放、砍头、剥皮抽筋……朱元璋整治起贪官来毫不留情。一个郭桓贪污案，竟然杀了三万多人，导致整个朝廷都被清空了，全国的中产家庭大多也都破了产。

烽火快报
FENGHUO KUAIBAO

剥了贪官的皮
——来自全国各地的消息

要问在官场中,朱元璋最痛恨哪一种人,答案就是贪官!

朱元璋为什么这么恨贪官呢?有人说,这是因为当初要不是贪官私吞了赈灾的粮食,朱元璋的父母兄弟就不会饿死,所以只要一想到贪官,朱元璋就恨得牙痒痒。还有人说,由于元朝贪官太多了,到了明朝,贪污现象仍然十分多,所以朱元璋不得不加大对贪官的惩罚力度。

《大明律》中规定,官员贪污超过一百二十贯,就要充军流放。朱元璋觉得这还不够狠,便规定官员只要贪污四十贯,就把他们充军流放;若贪污一百贯,便就地处决!

尽管这样,还是有不少心存侥幸、顶风作案的人,怎么办呢?朱元璋决定吓吓这些人,于是就出现了这样的场景:

来自全国各地的消息!

在各个州县的土地庙里,有一些"稻草人"。这些人原本都是贪官,朱元璋叫人剥了他们的皮,并在里面塞些稻草,挂到土地庙里,用来警示其他官员们:谁再敢贪污,就剥了他的皮!

这一招还真有效,看着土地庙里的"稻草人",官员们吓得晚上都睡不着觉,哪里还敢贪污!至于那些胆大包天,认为只要不被抓到就没事的贪官们,就尽管来试试吧。

叱咤风云 CHIZHA FENGYUN

一个空印引发的重案

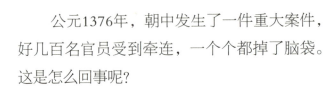

公元1376年,朝中发生了一件重大案件,好几百名官员受到牵连,一个个都掉了脑袋。这是怎么回事呢?

事情是由一个空印引起的。

明朝规定,各地每年都要将地方上的人口、钱粮等统计出来,填在文书中,盖上官印,送到户部去核对。如果在核对的过程中发现错误,就得重新填写。

这时问题出现了,所有文书都必须盖上原地方的官印,而有些地方,比如云南、四川,离京城实在太远了,一来一回,就得耽误好几个月的时间,这可怎么办?官员们想啊想,终于想出一个好办法。他们事先在一张空白文书上盖上官印,如果发现账目不对,直接在盖有官印的文书上重填就可以了。

空印给全国各州县都带来了便利,没人觉得这么做有什么不妥,除了一个人——朱元璋。

当朱元璋发现官员们在使用空印文书时,勃然大怒,心想:好哇,你们一个个吃着我的俸禄,却背着我玩这些鬼把戏,看我怎么收拾你们!于是便派人去查。

这一查,就查出成千上万的涉案人员,全国各州、各县都有。按理说，法不责众，更何况也不是什么了不得的大事，朱元璋应该网开一面，放过这些官员才对。可人们猜错了，朱元璋做出了一个令所有人瞠目结舌的决定——杀！

所有主印官都被杀掉了！副职打一百杖后拉出去充军！

一个小小的空印，竟引发了一件震惊全国的大案，最后还枉杀了这么多无辜的官员，很多人都觉得皇帝小题大做，可又不敢明说，免得惹祸上身。只有一个叫郑士利的人给朱元璋写了一封长信，郑士利在信中说：

我知道，陛下之所以惩罚使用空印的官员，是因为一旦空印文书被那些贪官污吏得到，就会酿成大祸。可是陛下，空印文书用的是骑缝印（骑缝印即盖章时盖在纸张的边缝上），不是一纸一印，就算被奸人拿到了，也没什么用。

接着，郑士利又将官员们为什么使用空印文书的原因说了一遍。这封信写得言辞恳切，条理分明，可朱元璋看了，却一点也不为所动，仍旧坚持原来的判决，顺便把郑士利也送去做苦工了。

很多人想不明白，朱元璋为什么要这样做？一个小小的空印，值得他这么大动肝火，杀掉那么多官员吗？有人说，这正表明了朱元璋肃贪的决心，一定要用重刑，才能震慑住那些贪官！

鸿雁传书 HONGYAN CHUAN SHU

为道县令申冤

穿穿老师：

您好，这次给您写信，是想替我们的县令申冤。我们的县令叫道同，他不仅为人清廉，并且还疾恶如仇。前不久，他刚刚收拾了几个地方上的恶霸。恶霸的家人不甘心，就去贿赂永嘉侯朱亮祖，让他撑腰。

朱亮祖收了贿赂，给道大人罗列了一大堆子虚乌有的罪状。皇帝信以为真，派人把道大人杀掉了。

道大人死得真是太冤枉了，我们想联名上书告朱亮祖，可又斗不过他，只好给你们写信，希望你们能将事实的真相揭露出来，还道大人一个清白。

番禺县百姓

番禺县百姓：

你们好，听到这个消息，我的心情也十分沉痛，希望你们节哀。据我们所知，在朱亮祖的弹劾奏章发出之前，道大人也给皇帝发了一份弹劾朱亮祖的奏章，可惜朱亮祖用的是军马，道大人没有他快，因此皇帝先收到了朱亮祖的奏章，把道大人杀掉了。

如果不出意外，这时皇上应该已经看到道大人的奏章了，相信他一定会秉公处理，还道大人清白的。

《穿越报》编辑 穿穿

【朱元璋收到道同的奏章后，下令把朱亮祖和儿子朱暹（xiān）押到京城，活活鞭死，并将朱暹和恶霸们的皮剥下来，挂在集市中，以儆效尤。】

BAIXING CHAGUAN 百姓茶馆

百姓也能抓贪官

听说陛下最近下了一道法令，任何人只要发现贪官，就可以把贪官抓起来，押到京城治罪。自古以来只有当官的抓老百姓，现在老百姓也能抓当官的啦，真是太好玩儿了，赶明我也去抓一个贪官试试。

黄掌柜

罗镖头

嗨，这道法令好是好，可没人敢这么干呀。你想想，你一个普通老百姓，平时都见不到当官的人，更别说去抓了。

是啊，这条法令的实用性还是不强，不过这足以表明陛下打击贪官的决心。我相信，从今以后，贪官一定会越来越少，清官会越来越多。

季先生

书生小鲁

那当然，也不看看那些贪官的下场，除了剥皮，陛下多的是办法整治他们，百姓不再受他们的欺压，真是太好啦！

郭桓贪污案,三万多人被杀

公元1385年,国中又爆发了一件大案,这个案子比空印案更严重,被杀的人也更多,有人统计了一下,竟然有三万多人被杀!它就是郭桓贪污案!

郭桓是户部侍郎,按理说官职不小,俸禄也不低,没必要在朱元璋肃贪的关键时刻,还冒这么大风险去贪污,可是人心不足蛇吞象,郭桓不仅贪污了,贪的还是地方交给国家的税赋,所贪数目更是骇人听闻,竟然多达两千四百多万石!相当于全国三

叱咤风云

年的军粮，真是太不可思议了！

朱元璋真是被气疯了，立刻下令去查，严查！这一查，牵扯的人可就多了，最后竟然发现，吏部、户部、礼部、兵部、刑部、工部六部中全都有郭桓的同党！

朱元璋气得差点晕厥过去，等他清醒过来后，眼中露出浓烈的杀气。杀！把所有涉案人员通通杀掉！一个都不能放过！于是，六部中侍郎以下的官员全都被杀掉了，整个朝廷几乎被清洗一空。

严惩了朝中贪官后，朱元璋又将目光对准了地方贪官。郭桓贪污，各地方一定还有同党。于是，一批又一批地方官被揪了出来杀掉了。

杀了地方官，还有那些富人、粮长也是同谋，也要杀掉！

就这样，一个郭桓贪污案，竟然牵扯出这么多人。朱元璋前前后后一共杀掉了三万多人！

经过这件案子，朝中大部分官员几乎都被撤换了。

事后，朱元璋仔细想了想，觉得杀的人似乎太多了，于是又把主审官吴庸等人也抓起来杀掉了。

嘻哈园 XIHA YUAN

袁凯装疯卖傻吃"狗屎"

在肃贪的过程中,朱元璋对贪官毫不手软,一个空印案杀掉了几百人,一个郭桓贪污案竟杀掉了三万多人!据说,不少官员都快被吓成了神经病,生怕哪天皇帝一个不高兴,把自己也"咔嚓"一下杀了。还有的官员为了改变被杀的命运,干脆装疯卖傻,比如监察御史袁凯。

有一次,朱元璋又要大开杀戒了,他让袁凯把名单拿给太子朱标看。太子一看,不得了,上面密密麻麻,全是要杀的人的名字。

太子是一个温和宽厚的人,就对袁凯说:"不行,杀这么多人,我不同意。"

袁凯回到朱元璋那里,把太子的话原原本本地复述了

竟有这么多的贪官!

叱咤风云 CHIZHA FENGYUN

一遍,刚想走,就被朱元璋叫住了:

"袁凯啊,太子说不杀,我说杀,你来说说,我跟太子谁对谁错啊?"

这个问题可真够让人为难的,一个是皇帝,另一个是太子,这两人自己一个也得罪不起呀。袁凯急出一头汗,小心翼翼地说:"陛下,您和太子都没错。您主张杀是为了正义,太子主张不杀是为了仁义。"

谁知这话并没能博得皇帝的欢心,朱元璋冷笑一声,说:"好一个狡猾的两面派!"

回家以后,袁凯心神不宁,生怕朱元璋下一个拿自己开刀,想来想去,决定干脆装疯卖傻算了。

于是,袁凯第二天也不去早朝了,他找来一根狗链子,把自己拴在墙角,硬说自己是条狗。朱元璋当然不信,昨天人还好好的,怎么说疯就疯了?于是派人去看,还交

只有装疯卖傻才能活下去!

叱咤风云

代了一句:"去了给我用锥子扎他,狠狠地扎,我就不信他还装得下去。"

于是使者带着锥子来了,要说袁凯也真能忍,不论使者怎么扎,都一声不吭。

使者回去复命了,朱元璋还是不信,又命他在暗中监视。使者悄悄来到袁凯家,只见袁凯像狗一样趴在地上,嘴里还嚼着什么东西,吃得津津有味。使者再仔细一看,大吃一惊,袁凯吃的东西一坨一坨的,不是别的,正是狗屎!

使者被恶心坏了,赶紧回皇宫复命。这一次,就连朱元璋也相信袁凯是真的疯了。

其实,袁凯吃的根本就不是狗屎,而是做成狗屎状的点心。就这样,袁凯靠装疯卖傻,成功地骗过了朱元璋,保住了一条小命。

总算保住了自己一条小命!

名人有约 MINGREN YOU YUE

越越 大嘴记者

朱元璋 特约嘉宾

嘉宾简介：明朝开国皇帝，他是一个集圣人、英雄、魔鬼于一体的人，他可以很仁慈，也可以很残暴。他对百姓施行仁政，但对官员却十分苛刻，整治起贪官来更是毫不手软。他对贪官的原则是：宁可错杀一千，不可放过一个！

越　越：陛下您好，我听说自从您大力肃贪之后，现在朝廷中人人如惊弓之鸟，生怕您一个不高兴，就脑袋不保。我还听说，大臣们每天上朝之前，都会在门口和家人告别，因为这一去，可能就再也回不来了。

朱元璋：哼，我只杀贪官和奸臣，如果他们没做亏心事，又有什么好怕的？

越　越：就怕死得莫名其妙啊！就像在郭桓案中，有的人其实并没有贪污，可还是被牵扯进去了，多冤啊！

朱元璋：那些人是没有贪污，可别人贪污的时候，他们有阻止过，举报过吗？答案是没有，所以他们死得一点也不冤枉。

越　越：（擦汗）好吧。可是陛下，您不觉得用刑太重了吗？什么抽筋剥皮的太吓人了。

朱元璋：哼，我告诉你，我还嫌用的刑不够重呢，应该把他们拖出去杀掉才好！给你讲个故事吧，郭桓案中有一个小官，因为贪污，被罢了官，受了些刑，并且还在脸上刺了字。我看他可怜，没有杀他，让他去看管仓库，你猜后来怎么着？

越越：（好奇）怎么了？

名人有约

朱元璋：这小子死性不改，没过一年，又开始盗卖官粮！你说说，这种人是不是该杀？给他机会，他都不知道悔改！

越　越：呃，好吧，有些人的确是"江山易改，本性难移"啊！听说在肃贪的过程中，您连驸马爷都杀掉了？

朱元璋：你是说欧阳伦？他是我女儿安庆公主的丈夫，仗着驸马的身份走私茶叶，后来被守关的人发现了，竟然还把人家打了一顿。王子犯法，尚且与庶民同罪，更别说他一个小小的驸马，该杀就杀，不必讲什么情面！

越　越：陛下是大义灭亲啊！对了，陛下，我发现您肃贪的主要手段是杀戮和震慑，请问还有其他方式吗？

朱元璋：当然，我还把那些犯罪案例收集起来，编成了一本书，叫《御制大诰》，规定每家每户至少要收藏一本。不收藏的人家，一旦犯了罪，罪加一等；收藏了的人家犯了罪，可以罪减一等。

越　越：每家每户至少收藏一本……哇，那得赚多少版税啊！

朱元璋：你说什么？版税是什么？

越　越：呃，没，没什么，请问这本书是陛下您亲自编写的吗？

朱元璋：那当然。

越　越：哇，您每天工作那么忙，还有时间写书？

朱元璋：没办法，为了教导臣民，没时间也要抽时间啊。对了，我还准备写一本《大诰续编》，还有《大诰三编》……

越　越：……

朱元璋：到时候送你几本，你也回去读读，将来犯了罪，还能罪减一等。

越　越：（无奈）好的，多谢陛下。天色不早了，陛下也该吃晚饭了，今天的采访就到这里，再见！

朱元璋：再见，记得回去后读《大诰》哟！

广告铺

招造船工匠两百名

南方物产丰富，气候宜人，尤其江浙、两广、两湖一带，其粮食生产和供应在全国均处于领先地位，因此我朝一直奉行"南粮北调"的政策。为了将该政策落到实处，我部决定再造一百艘运粮的漕船，现向全国各地招聘工匠两百名，包吃包住，待遇优厚，希望大家积极报名。

户部

关于科考的一些规定

各位科举考生听着，在答卷中绝不能出现皇帝的名字、庙号，也不准陈述自己的身世，或者任何与身份有关的内容（编者注：此举为了防止考生作弊）。一旦发现，轻则卷子作废，重则处以刑罚。

礼部

国子监生每天背诵《大诰》一百字

普通百姓每人家里要收藏一本《大诰》，国子监生更要重视《大诰》。从今天起，凡国子监生每天必须背诵《大诰》一百字，不但要背，还要弄懂里面的意思。那些背不出来，讲解不出大意的人，一概拖出去打十板子！

朱元璋

ZHIZHE WEI WANG 智者为王

第3关

智者无敌 王者为大

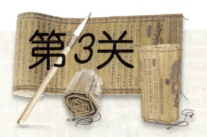

1. 朱元璋在哪一年称帝？
2. 朱元璋称帝后的国号和年号分别是什么？
3. 元顺帝是哪一年被朱元璋赶走的？
4. 北伐战争中被炮烙的元朝大将是谁？
5. 元朝的最后一位皇帝是谁？
6. 元朝举行过科举考试吗？
7. 元顺帝回到草原后建立的政权叫什么？
8. 谁是明朝开国第一功臣？
9. 朱元璋将所有的儿子都封为亲王了吗？
10. 在官场中，朱元璋最痛恨哪一种官员？
11. 朱元璋为贪官"特制"的刑法是什么？
12. 在空印案中，朱元璋杀掉了哪些官员？
13. 在朱元璋肃贪时期，百姓可以亲自抓贪官吗？
14. 在郭恒贪污案中，朱元璋杀了多少人？
15. 《大诰》是谁写的，其内容是什么？

第10期
公元1380年—公元1390年

丞相是多余的
朱元璋 篇

穿越报
CHUANYUE BAO

【烽火快报】
· 丞相胡惟庸造反了

【绝密档案】
· 胡惟庸造反的前因后果

【叱咤风云】
· 十年后，李善长还是被杀了

【名人有约】
· 特约嘉宾：李善长

【广告铺】
· 各位教官们听着
· 土地普查诏书
· 京师国子监落成公告

穿越必读 CHUANYUE BIDU

公元1380年，明朝发生了一件震惊全国的胡惟庸案：丞相胡惟庸造反，并牵扯出一万五千多名同党。朱元璋由此大开杀戒，血洗朝廷内外。事后，朱元璋废除了丞相一职，明朝从此以后再无丞相，皇权也因此高度集中起来。

FENGHUO KUAIBAO **烽火快报**

丞相胡惟庸造反了
——来自应天府的加密快报

公元1380年，朝中爆出一个令人震惊的消息：丞相胡惟庸造反了！有人绘声绘色地讲述了事情的经过。

胡惟庸向朱元璋报告，说自己家里出现了醴（lǐ）泉，这是祥瑞之兆，邀请朱元璋去他家做客。朱元璋带着大队人马，浩浩荡荡地往胡惟庸家走，突然一个宦官气喘吁吁地跑来，挡在队伍前，因为跑得太急，话也说不利索，只是用手指着胡惟庸家的方向。朱元璋勃然大怒，命武士将宦官痛打了一顿，手都被打断了，可宦官的半截手臂依然指着胡惟庸的家。

来自应天府的加密快报！

朱元璋觉得事情不对劲儿，仔细一看，发现胡惟庸家里刀光剑影，杀气冲天，这才恍然大悟，原来胡惟庸叫自己去做客，是想趁机刺杀他！这个叫云奇的宦官发现真相后，前来报信，可还没来得及开口，就被武士们打死了（后来，人们就将这件事称作"云奇告变"）。

再说朱元璋，他惊出一身冷汗，赶紧回宫，叫人把胡惟庸抓来，立即处死，并诛九族，又叫人去查胡惟庸的同党，这一查不得了，竟然牵扯出一万五千多人。朱元璋不管三七二十一，把这些人统统杀掉了。这就是鼎鼎有名的"胡惟庸案"。

对"云奇告变"这件事的真假，虽然有很多值得人怀疑的地方，不过，有一件事情是毋庸置疑的，那就是胡惟庸因谋反罪被杀，同党一万五千多人无一人幸免！

胡惟庸造反的前因后果

胡惟庸已经死了，但却给人们留下了一个个未解的谜团：胡惟庸为什么要造反？他是真的造反还是被人陷害？一个造反案为什么会牵扯出一万五千多人？

本报记者经过多方调查，终于查明了事情的真相。

原来，当今朝廷分为两大派别，一派是淮西集团，以李善长、胡惟庸为代表；另一派是浙东集团，以刘基为代表。两大派别你争我夺，刘基被打压得很厉害，只好辞官回乡了。临走前，朱元璋曾问他让胡惟庸做丞相怎么样，刘基说这个人不行。但后来，朱元璋还是让胡惟庸做了丞相。

胡惟庸当上丞相后，对刘基怀恨在心。有一次，刘基生病了，朱元璋派胡惟庸去看望

他。胡惟庸带来一个医术高明的大夫,并给刘基开了一些药。刘基吃了药后,病情越来越重,不久后就死掉了。

毒死刘基后,胡惟庸更加肆无忌惮了,他骄纵跋扈,欺上瞒下,独揽朝廷大权。大臣呈给皇帝的文件,胡惟庸一定要先看过之后,才向皇帝汇报,如果里面有对自己不利的内容,那么这份文件就到不了皇帝的手中。对朝廷官员,胡惟庸想提拔谁就提拔谁,想贬官就贬官,跟皇帝连声招呼都不打。

终于有一天,胡惟庸捅了大娄子。公元1379年,占城(今越南南部)的使团来到应天府,请求朝见大明的皇帝,可胡惟庸却把这事儿给瞒了下来。朱元璋知道后大发雷霆,两国邦交这么重大的事情,胡惟庸居然隐瞒不报,这像话吗?这将他这个皇帝置于何处?

胡惟庸吓出一身冷汗,赶紧把责任推给礼部,礼部又将责任推给中书省。大臣们像踢皮球一样,把这个责任踢来踢去,朱元璋气坏了,把他们一个个都治了罪。

绝密档案 JUEMI DANGAN

朱元璋是一个将权力看得很重要的人，胡惟庸的所作所为显然早就触犯了他的底线，他之所以还没有杀掉胡惟庸，并不是不想杀他，而是在等待一个合适的机会，一个将胡惟庸一干人等送进十八层地狱，永不能翻身的机会！

第二年，这个机会来了。胡惟庸的儿子是有名的纨绔子弟，成天在外面欺男霸女，胡作非为。有一次，他在闹市里骑马狂奔，一不小心，从马上掉下来摔死了。胡惟庸悲痛欲绝，把责任归咎到马夫身上，一刀将他捅死了。

朱元璋知道这事儿后，勃然大怒，硬要胡惟庸一命偿一命。胡惟庸吓得魂不附体，心想这次躲不过去了，干脆造反算了，可还没准备好，就被人告发了。接下来的事情大家都知道了，胡惟庸因谋反罪被灭九族，同党一万五千多人被杀！

百姓茶馆 BAIXING CHAGUAN

皇权到了顶峰

渔夫小戴： 奇怪，胡惟庸已经死了这么长时间了，陛下怎么还不立新的丞相呢？

冯先生： 你还不知道啊，自从胡惟庸死后，陛下就废除了丞相一职，而且还在《祖训》中记了一笔，朱家的子孙世世代代再也不许设立丞相。大臣中谁要是敢奏请复立丞相，立刻处死！

茶商老刘： 陛下为什么要这么做呀？自古以来，有皇帝就有丞相，丞相是皇帝的好帮手，可以替皇帝分忧解劳。没了丞相，国家所有的大小事务都得由皇帝亲自处理，那皇帝还不得累死呀！

盐商老黄： 话是这么说没错，可这样一来，权力也就都在皇帝自己手中了。当今陛下除了自家人，谁也不信，所以宁肯自己苦点、累点，也不愿将权力分给外姓人。

书生小鲁： 是啊，这样一来，皇权高度集中在皇帝手中，历史上还没有哪个朝代的皇帝比当今陛下的权力更大呢！

叱咤风云 CHIZHA FENGYUN

十年后，李善长还是被杀了

胡惟庸案爆发时，有人曾向朱元璋提议，说李善长跟胡惟庸是亲戚，要不要把李善长也一块儿杀了。朱元璋立刻摇头，说李善长是开国第一功臣，说什么也不能杀。

然而，事隔十年之后，也就是公元1390年，朱元璋还是把李善长杀掉了，理由是李善长明知道胡惟庸要造反，却不向朝廷汇报。

这到底是怎么回事呢？

原来，李善长有个弟弟叫李存义，胡惟庸案爆发五年后，有人向朱元璋告状，说李存义父子也是胡惟庸的党羽，应该杀掉。但朱元璋看在李善长的面子上，没有杀掉李存义父子，只将他们流放到了崇明岛。按理说，李善长应该去向朱元璋道个歉，谢个恩，可李善长却什么也没做，这让朱元璋很不满。

又过了五年，一次，李善长想修房子，便找汤和借

来三百名士兵帮忙。事后汤和把这事儿一五一十地向朱元璋汇报了。朱元璋听了十分恼火：好你个李善长，竟敢动用国家的军队来修房子，真以为我不敢动你啊！

不久后，朱元璋派人把李存义父子带回京城，重新审问当年的情形，结果把李善长给牵扯进去了。

原来，在胡惟庸的指使下，李存义曾多次劝李善长造反，刚开始李善长很吃惊，说："这可是诛九族的事情啊！"

接着，胡惟庸又派李善长的朋友去劝他："事成之后封你为王，把淮西的土地都给你。"

李善长虽然有些心动，但还是不答应。

没办法，胡惟庸只好亲自前来游说，李善长依旧不肯答应。

胡惟庸想来想去，最后还是觉得亲兄弟好说话，于是又指使李存义来劝说，李善长无奈地长叹一声："我老啦，干不动了。等我死了，你们就好自为之吧！"

朱元璋听了事情的经过后，勃然大怒："李善长这个老东西，明知道胡惟庸要造反，却知情不报，我看他分明是想脚踏两条船！"于是立刻以谋反罪将李善长杀掉了，连同他一家七十多口人都没能幸免。

事情传开后，有人提出疑问："李善长不是有两张免死铁券嘛，最后怎么还是死了？"

"这你就不懂了吧。"又有人说，"免死铁券是皇帝赐的，有没有用皇帝说了算。如今皇帝要杀你，别说你有两张免死铁券，就算有一百张也没用！"

嘻哈园 XIHA YUAN

HONGYAN CHUAN SHU 鸿雁传书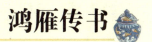

我要为李善长申冤

穿穿老师：

您好，我叫解缙，是当朝的一名官员，前不久李善长被杀的事情，你们应该知道了吧。当年陛下杀胡惟庸，牵扯进来一万五千多人，我无话可说，可如今杀李善长一家七十多口，我有些不同的意见。

我给陛下写了一篇《论韩国公冤事状》，大概内容为李善长已经是开国第一功臣了，假使他帮胡惟庸造反，又能得到什么呢？地位能比现在高吗？待遇能有现在好吗？更何况，李善长已经一大把年纪了，哪还有力气去折腾？

我自认为说得很有道理，可陛下看后一点儿反应也没有。我只好又写了一封奏章，拜托同事王国用替我呈上去，可陛下那边还是没什么动静。于是我又写了一封万言书，刚刚呈上去，您觉得这次陛下会有回应吗？

解缙

解大人：

您好。我认为陛下这次会回应您，但您要做好心理准备，因为陛下的回应可能是将您关进监狱，也可能是杀掉您。

您一而再、再而三地挑战陛下的底线，以陛下以往的脾气，早就将您砍了。可陛下没有处罚您，是因为陛下心里也有愧，觉得对不起李善长。可李善长已经死了，陛下是不会认错的，所以不论您给陛下上多少奏折，陛下都不会为李善长申冤的。

您给陛下写万言书，只会进一步触怒陛下，给自己招来祸患。解大人，您保重吧。

《穿越报》编辑 穿穿

【果然，没过多久解缙就被朱元璋赶回了老家，永远不得踏入京城半步。】

名人有约 MINGREN YOU YUE

越越 大嘴记者

李善长 特约嘉宾

嘉宾简介： 明朝开国第一功臣，朱元璋曾经这样评价他："虽然李善长没什么汗马功劳，但他是跟着我最久的一个，而且多年来供给军食，从没出过什么差错。"然而就是这样一个兢兢业业、任劳任怨的大功臣，最终还是被牵扯进胡惟庸案，被朱元璋杀掉了。

越　越：李大人好！对胡惟庸谋反一案，您有何看法吗？

李善长：唉，我已经老了，不想关心这些事情了，只要能平平安安地过完一生就心满意足了。

越　越：没有人想惹麻烦，可麻烦会主动找上门哦！

李善长：是啊，可是有什么办法呢？只能听天由命了。

越　越：看来李大人真是心灰意冷了！对了，当初您还是丞相，权倾朝野，为什么要主动辞官回家呢？

李善长：病了，没办法。

越　越：我倒是信，但是陛下会信吗？

李善长：他巴不得呢！小记者，你有没有听过"飞鸟尽良弓藏，狡兔死走狗烹"的道理？

越　越：这句话表面上说的是打猎，飞鸟打完了，良弓就没什么用处了，不如藏起来；兔子打光了，猎狗也没什么用处了，不如杀了吃掉。但它实际上是说一个人如果失去了利用价值，就可能会被除掉。

李善长：现在你明白我为什么隐退了吧？

越　越：噢，原来如此，您是怕陛下忌惮您权势太大，找借口除掉您，对吧？

李善长：事实证明我当初的顾虑是有道理的，一个胡惟

名人有约

MINGREN YOU YUE

庸案，怎么会牵扯出三万多人？难道真有这么多胡党？我看未必。陛下不过是想借这个机会大开杀戒，大肆屠戮功臣罢了。你知道，当今太子朱标的性格宽厚仁慈，陛下怕他将来称帝后，压制不住那些功臣，所以就先帮他把那些人除掉了。

越　越：竟然是这样！真是太可怕了。咦，等等，好像有什么不对劲儿……哦，对了，胡惟庸案不是杀了一万五千多人嘛，怎么变成三万多人了？

李善长：之前的一万五千人是案子刚发生的时候杀的，这十年来，陛下又陆陆续续清查出一批胡党，差不多也有一万五千多人。

越　越：唉，想不到一个丞相谋反案，竟然会连累这么多人跟他一起遭殃。

李善长：是啊，要是没有这个案件，虽说陛下一样会找借口屠戮功臣，但至少不会牵扯进这么多无辜的人。只怪胡惟庸当初糊涂啊，再加上有人给他灌了"迷魂汤"，说他祖父三代的坟墓夜夜发光，那是祥瑞之兆，胡惟庸那小子一听，就不知道天高地厚了。

越　越：李大人，恕我冒昧地问一句，当初您真的没有想过和胡惟庸一起造反吗？

李善长：当然没有。我都一大把年纪了，功名利禄都已经看得很淡了，对造反根本就没有什么兴趣。

越　越：呃，还有别的原因吗？

李善长：唉，实话告诉你吧，我跟了陛下这么多年，他这个人有多可怕，我心里最清楚。他既可以是一位圣人、一位英雄，但在必要的时候，又会变成一个可怕的魔鬼。否则当初怎么会有那么多英雄豪杰败在他手中？跟他斗，只有死路一条！

越　越：原来是这样，那李大人多多保重，希望陛下不会来找您麻烦吧。

（本次采访于李善长被杀之前。）

广告铺

各位教官们听着

各位国子监、府学、州学、县学的教官听着，你们在教育学生时，务必要遵守儒家先圣先哲的格言，这样教出来的学生才能为国家所用。假如你们心存异心，妄图用歪理邪说来蛊惑学生，败坏学生的道德品质，一旦被发现，立刻处死，全家流放到边关。

朱元璋

 土地普查诏书

据我所知，有很多地主、富农为了逃避赋税，将自己家里的田产谎报在他人名下，这种做法还有一个名称，叫"诡寄"。为了打击这种不良风气，我将派官员到全国各州县进行一次土地大普查，希望当地官员积极配合。

朱元璋

京师国子监落成公告

洪武十五年，京师国子监的新校舍终于落成了！京师国子监是我大明朝的最高学府，规模宏大，环境优雅，其有十四间藏书房，二千多间学生宿舍，另外还有仓库、厨房、酱醋房、水磨房、晒麦场、菜圃、养病房等，其中还有一座巨大的文庙，用来供奉孔子和他的七十二个学生。最后，欢迎各位才德兼备的学生来我校就读。

京师国子监

穿越报
CHUANYUE BAO

第11期
公元1392年—公元1398年

为子孙除刺
朱元璋篇

【烽火快报】
· 太子朱标病逝了

【绝密档案】
· 仁太子也敢跟皇帝叫板

【叱咤风云】
· 蓝玉到底有没有造反

【名人有约】
· 特约嘉宾：朱允炆

【广告铺】
· 关于国子监生请假规定
· 不设武举的原因
· 赵麟"毁辱师长"，杀无赦

穿越必读 CHUANYUE BIDU

太子朱标的去世，对朱元璋来说是一个十分沉重的打击。更令他焦虑的是，皇太孙太过年轻，且毫无治国经验。为了避免将来的小皇帝受权臣摆布，朱元璋再一次大开杀戒，继胡惟庸案之后又策划了一场蓝玉案，几乎将开国功臣屠戮殆尽。

烽火快报 FENGHUO KUAIBAO

太子朱标病逝了

——来自皇宫的加密快报

公元1392年，从皇宫里传来一个噩耗，太子朱标病逝了！这对已经六十五岁的朱元璋来说如五雷轰顶一般。

朱标是朱元璋的长子，十三岁被立为太子，二十二岁开始参政。朱元璋对他抱有极大的希望，很早就将他往皇帝的方向培养，请最好的老师，挑最好的伴读，对太子的一言一行都严格要求。

谁知苦心培养了这么多年，太子却先朱元璋而去了。朱元璋竹篮打水一场空，白发人送黑发人，那种滋味就不用说了。

可太子已经去了，朱元璋再伤心也没用，而且朱元璋年纪大了，当务之急是要重新挑选一个接班人，选谁好呢？

根据嫡长子继承制度，太子死了，应该由太子的长子来接任父亲的位置，可朱标的长子早就病死了，于是他的第二个儿子朱允炆成了皇帝的接班人，被朱元璋立为皇太孙。

朱允炆今年才十五岁，还是一个懵懵懂懂的少年，而朱元璋已经行将就木，把偌大一个江山交给这个毫无治国经验的少年，朱元璋实在是放心不下。尤其是那些功臣、权臣，简直就是朱元璋的眼中钉、肉中刺，朱元璋总觉得他们一个个对朱家的江山虎视眈眈！

怎么办呢？好吧，我亲爱的孙子，就让爷爷替你拔掉这些刺，给你铺一条宽阔平坦的大道吧！

JUEMI DANGAN 绝密档案

仁太子也敢跟皇帝叫板

前太子朱标给人的印象一直是温和宽厚，甚至有些妇人之仁，不过，据宫里的人爆料，朱标也不是一味的好脾气，把他逼急了，也敢跟皇帝叫板！

有一次，朱元璋的一个宠妃死了，朱元璋十分伤心，不仅将这妃子风光大葬，还要求太子朱标为她行"齐衰杖期（jī）"之礼，也就是最高级的丧服礼仪。

一般来说，这种礼仪只能在父亲在世的情况下，儿女为亲生母亲行使，可这个妃子不是朱标的生母，所以被朱标拒绝了。

朱标说："不行，这不符合规定。按规矩，我只能为庶母行'缌（sī）'礼。就连诸侯的儿子都不会为庶母行'齐衰'之礼，更何况天子的儿子。"

朱元璋一听气坏了，拔出宝剑，朝朱标刺去。

朱标拔腿就跑，边跑边喊："大杖则走！"（当年舜的父亲要用大棒子打他，舜立马逃走，免得陷父亲于不义。后来这个成语用来形容子女尽孝道。）

朱元璋简直要气疯了，幸好这时一个官员过来劝朱标，说："礼仪的事情还可商量，可君父之命不可违啊！"

朱标沉思了片刻，觉得很有道理，最后只好乖乖地穿上孝服，为庶母行了"齐衰杖期"之礼。

 嘻哈园 XIHA YUAN

CHIZHA FENGYUN 叱咤风云

蓝玉到底有没有造反

公元1393年，朝中又爆发了一件大案：大将蓝玉密谋造反，被朱元璋剥了皮，同时被牵连斩杀的官员多达一万五千人！

这是继胡惟庸案以来的又一件惊天重案，可却有很多人说，蓝玉是被冤枉的，朱元璋不过是想找个借口杀了他。这到底是怎么回事呢？我们的通讯员通过层层调查，终于使真相水落石出。

原来，蓝玉真的是被冤枉的。

说起来，蓝玉跟开国大将常遇春还是亲戚，他的姐姐是常遇春的夫人。朱元璋打天下那会儿，蓝玉还年轻，没有什么名气，等徐达、常遇春这些老将相继去世之后，蓝玉才逐渐显露出头角。

我真的是被冤枉的！

叱咤风云 CHIZHA FENGYUN

公元1387年，蓝玉以右副将军的身份出塞，降服了北元最厉害的将领纳哈出。

第二年，蓝玉以大将军的身份再次出塞，在捕鱼儿海大败元军，差点活捉了北元的皇帝。

蓝玉立下了这么大的战功，朱元璋高兴得不得了，准备封他为梁国公，可这时有人告发蓝玉，说他欺负北元皇帝的妃子，害得人家自杀了。

这个罪名蓝玉背得一点也不冤枉，他是个武夫，武夫的特点就是恃功而骄。仗着自己立下了汗马功劳，蓝玉就不知道天高地厚了。

记得还有一次，蓝玉出关攻打北元军，回来时天已经黑

哈哈哈，大获全胜！

了，按照规定，天黑后不能放任何人入关。

守关人就说："蓝将军，请您明天早上再入关吧！"

蓝玉一听怒了："我辛辛苦苦在外面打仗，为国家立下了汗马功劳，你居然把我关在外面！"当场就把城门给拆了。

因为蓝玉的这些过失，朱元璋把"梁"改成了"凉"，最后封蓝玉为凉国公。

可蓝玉不长记性，仍旧居功自傲，骄狂得厉害。

他在皇宫的酒宴上口不择言，对军队里的将领想升就升，想降就降，跟皇帝连个招呼都不打。朱元璋看他实在太不像话了，把他叫来臭骂了一顿，可蓝玉回去后仍旧我行我素，不长记性。

蓝玉西征回来后被封为太子太傅，按理说，这已经是一个很显耀的官位了，可蓝玉却不满意，因为跟他一同出征的冯胜、傅友德都被封为太子太师，比他还高了一等。

"难道我就不能做太师吗？"蓝玉气愤地嚷嚷。

朱元璋知道后很恼火，打这以后，就不怎么理睬蓝玉了。

朱标死后，新太子朱允炆太过稚嫩，朱元璋生怕那些老臣、功臣们欺负他，就准备为孙子拔掉这些棘手的"刺"，蓝玉理所当然就成了第一个被开刀的人。

公元1393年，一个锦衣卫使向朱元璋告发蓝玉谋反，接着，朱元璋以迅雷不及掩耳之势逮捕了蓝玉及其同党。接下来的事情大家都知道了：蓝玉被剥皮、抄家、灭三族，同党一万五千多人被杀。

百姓茶馆 BAIXING CHAGUAN

武人们生错年代了

唉，当今陛下喜文不喜武，我们这些武人真是生错年代了。

某小军官

镖师老洪

是啊，陛下对那些文人儒士们礼遇有加，而对武将的态度呢，看看蓝玉的下场就知道了，真是要多惨有多惨！一场蓝玉案，把能打仗的人差不多都杀光啦！

这也是意料之中的事情，当年陛下为了打天下南征北战，自然重视武将，可如今北元朝廷被打败了，天下也太平了，武将们自然也没什么用处了，留着还担心他们造反，干脆杀光光算了。

刀客郭三

书生小唐

陛下喜文不喜武是没错，可也未必偏袒我们文人，不信请看朝中文臣的下场哪里比武将好了。我看不管是文臣还是武将，只要得罪了陛下，或是威胁到了陛下的江山，陛下就一概不会手软！

鸿雁传书

我反对嫡长子制度

穿穿老师：

您好，我是燕王朱棣，当今陛下的第四个儿子。我出生在战乱时期，从小在战争的洗礼中长大，后来父亲将我封为燕王，为他镇守边关。这些年我没少跟北元军打仗，在战斗中威名远扬。

我自问无论是气魄还是能力，都比我大哥朱标胜出一筹，但就因为他是我大哥，是父亲的长子，所以他当上了太子，而我只是一个燕王，这真是不公平。算了，反正大哥已经死了，我就不说他坏话了，说说我的侄儿朱允炆吧。

那个毛头小子跟我这匹战狼比起来，简直就像一只弱不禁风的小绵羊，父亲把天下交给他，简直就是拿大明王朝的未来开玩笑，我才不信他能治理好这偌大的一个国家。

听说我大哥死后，陛下有想过立我为太子，但就因为我不是嫡长子，所以被大臣否决了。什么狗屁嫡长子制度，我看根本就是一套害人的制度，应该废除才对，穿穿老师，您觉得呢？

燕王 朱棣

燕王殿下：

您好，说句实话，我也觉得要是让您来做皇帝，一定比朱允炆强，但是祖宗定下的制度是不可违背的。更何况，嫡长子继承制度也不是一无是处，您想想，要是谁最强谁就能做皇帝，那皇子们还不打得头破血流啊！所以，为了避免宫廷之争，遵照嫡长子制度还是很有必要的。

《穿越报》编辑 穿穿

名人有约 MINGREN YOU YUE

 越越 大嘴记者

朱允炆 特约嘉宾

嘉宾简介：前太子朱标的二儿子，现任皇太孙，皇帝的接班人，一个温文尔雅、书生气十足的少年。他从小在深宫中长大，受儒家思想熏陶，单纯、仁爱，但毫无治国经验，将来要是当上了皇帝，必然要面对一个危机重重的局面。

越　越：殿下您好，您的眼睛怎么红了呀，好像还有点儿肿？

朱允炆：让你见笑了，父亲去世后，我哭了好几天，把眼睛给哭红了。

越　越：殿下可真孝顺。咦，恕我冒昧地问一句，您的头顶怎么有点儿偏？

朱允炆：又让你见笑了，我生下来就是这样，因此还得了个外号，叫"半边月儿"。

越　越：半边月儿？可真是个有趣的绰号。好了，我们步入正题吧，请问您父亲在您心目中的形象是怎样的呢？

朱允炆：我父亲是一个非常温和、仁慈的人，而且他饱读诗书、博学多闻，假如他能当皇帝，将来一定会是一位贤明的君王，只可惜……（眼圈儿又红了）

越　越：殿下请节哀，其实我觉得您跟您父亲十分相像，你们一样温和、仁慈，心胸宽大，与人为善。

朱允炆：可能是因为我和父亲一样，从来没有经历过战争，而且从小接受的就是以仁为本的儒家思想。

越　越：这样啊，不过这些特点跟当今陛下截然不同哦！

朱允炆：是的，我爷爷是一个果敢、凌厉的人，有时候甚至有些残酷，但我知

名人有约

越　越：道，他所做的一切都是为了我们这些后辈。
越　越：比如除掉蓝玉？
朱允炆：是的。
越　越：他为您除掉了朝中的权臣，以防您受到他们的控制。可是，将来万一北元军打过来了怎么办？没了蓝玉，谁来抵抗蒙古铁骑？
朱允炆：我爷爷说，如果北元军来捣乱，就让我的叔叔们替我扛着。他们分散在全国各地，形成好几道防线，足以抵抗北元军入侵。
越　越：这样啊，抛开北元军不说，万一您的叔叔们跟您对着干呢？
朱允炆：不要紧，我跟他们讲道理，用仁义礼德来感化他们。
越　越：要是这招不奏效呢？
朱允炆：那我就削藩，把他们的封地削掉，还不行，我就把他们贬为平民，这样他们就老实了。
越　越：要是他们举兵造反呢？
朱允炆：那我就领兵讨伐他们。
越　越：这样啊，万一打不过呢？
朱允炆：……
越　越：万一打不过怎么办？您看，您的叔叔们一个个都比你彪悍、勇猛，而且还有丰富的实战经验，尤其是燕王，他可是个非常厉害的人物。要是燕王造反，您怎么办？
朱允炆：（生气了）越越，你是不是欺负我脾气好，所以才拿这些问题来刁难我？
越　越：啊？
朱允炆：你再问这些问题，我就去告诉我爷爷。
越　越：（猛然想起因"挑拨"朱元璋父子关系而被关到死的叶巨伯，吓得冷汗直流）好了，好了，我不问了，天色不早了，殿下您早点休息吧。
朱允炆：哈哈，你放心，我是吓你的，这些话我不会告诉爷爷。越越，欢迎你再来皇宫玩，再见。

广告铺

 关于国子监生请假规定

除每月初一和十五两天放假外，国子监生只有在以下特殊情况下才能请假。如家里死了人，要回家奔丧的；要回家娶媳妇儿的；要回去侍奉年老的父母等。

请假之后，必须要在规定的期限内返回，超过期限的，如果延误时间不长，可以网开一面，如果延误时间过长，一律罚去做打杂的差役！

国子监

 不设武举的原因

前日有大臣请求设立武举，但我没有同意，不是我不重视学武的人才，而是我相信，我们大明朝一定有不少文武双全的人，所以没必要单独设立武举。

那些光有武功，没有文化的人不要抱怨，你们还是多读读书，再来参加科举考试吧！

朱元璋

 赵麟"毁辱师长"，杀无赦

前些天，国子监生赵麟贴出标语，说国子监虐待学生。先不论国子监到底有没有虐待学生，光是赵麟的这一行为，就犯了"毁辱师长"之罪。按照规定，本该将他拖出去重打一百杖，再发配到云南充军。但我觉得这种处罚还是太轻，不足以威慑后人，因此我决定杀了赵麟，斩首示众。

希望各位国子监生好自为之，不要再犯同样的错误。

朱元璋

穿越报
CHUANYUE BAO

第12期
公元1352年—公元1398年

一代贤后
朱元璋篇

【编辑导读】
- 她是一个好妻子

【叱咤风云】
- 马皇后救了宋濂一命
- 马皇后为什么拒绝看大夫？
- 大脚皇后背丈夫，"救"儿子一命
- 皇帝驾崩了

【文化广场】
- "露马脚"的由来

【名人有约】
- 特约嘉宾：马皇后

【广告铺】
- 为人才解除生活之忧
- 遗言
- 重刑犯赦免令

【智者为王】
- 第4关

穿越必读 CHUANYUE BIDU

在朱元璋的一生中，不仅有无数名将为他夺取天下，无数贤臣辅佐他治理江山，还有一位始终陪伴在他左右的好妻子，她就是历史上大名鼎鼎的大脚皇后——马秀英。

编辑导读 BIANJI DAODU

她是一个好妻子

在前面十一期的内容中,我们已经详细介绍了朱元璋漫长而传奇的一生。在他辉煌的一生中,有一个人物不可不说,她就是朱元璋的结发妻子——马秀英。

马秀英和朱元璋一样,也是贫苦人家的孩子,当那些大户人家的小姐裹着脚,过着有人伺候的生活时,马秀英却光着一双大脚,漫山遍野地奔跑,一双大脚也成了她终生的标志,以致后来百姓们送了她一个有趣的外号——大脚皇后。

马秀英嫁给朱元璋时,朱元璋还是一个无名的小军官,但她始终对他不离不弃,患难与共。

战乱时,她给朱元璋洗衣做饭,为将士们缝衣做鞋,给他们带去春天一般的温暖;

危难时,她挺身而出,拿出自己的金帛,稳定军心;

富贵时,她依旧粗茶淡饭,勤俭朴素,从来不摆皇后的架子;

在朱元璋施行暴政时,她在一旁婉言劝谏,救了许多人的性命。

在朱元璋眼里,她是一个好妻子;在儿女眼里,她是一个好母亲;在天下人眼里,她是一个好皇后。朱元璋始终尊重她、感激她、爱她,甚至在她去世后还深深地怀念着她。

现在,就让我们来回顾一下大脚皇后马秀英的一些故事吧!

CHIZHA FENGYUN 叱咤风云

马皇后救了宋濂一命

当初胡惟庸造反时,朱元璋盛怒之下,下令将凡是与胡惟庸沾点儿关系的人统统都杀掉。太子朱标的老师宋濂也在其中。

朱标与老师的感情十分深厚,就去向朱元璋求情,希望能饶宋濂一命。可不论朱标如何哀求,朱元璋就是不答应,还怒气冲冲地说:"想救宋濂?等你自己做了皇帝才行!"

朱标气得泪流满面,扑通一声跳进河里,想自尽了事。

周围的人被吓得魂飞魄散,赶紧下水救人,有的人脱了衣服,有的人没脱衣服。等大家七手八脚将太子抬上岸后,朱元璋沉着脸说:"脱衣服的人站一边,没脱衣服的人站另一边。"

等大家站好了,朱元璋恶狠狠地对脱了衣服的人说:"太子都掉

为宋祈福,谢绝酒肉!

叱咤风云 CHIZHA FENGYUN

进水里了，你们还有时间脱衣服，是想害太子淹死吗？"于是将这些人统统杀掉了。

太子以死相争，都无法保宋濂一命，就在大家认为宋濂死定了的时候，有一个人改变了朱元璋的心意，她就是马皇后。

马皇后对朱元璋说："老百姓为孩子请来老师，尚且懂得尊师重道，更何况天子之家呢？再说了，宋濂住在家里，胡惟庸造反的事儿他未必知道。"

朱元璋还是不听。

等到吃饭的时候，马皇后故意不喝酒，也不吃肉，朱元璋觉得奇怪，问她怎么了。

马皇后神色悲哀地说："宋先生就要死了，我再为他做点事。"

朱元璋一听，内心也有些伤感，放下筷子站了起来。

第二天，朱元璋就下令赦免了宋濂，只将他流放到了茂州。

BAIXING CHAGUAN 百姓茶馆

马皇后救过的那些人

咱们的皇后可真是一个宽厚仁慈的好女人，要是没有她，陛下的刀下不知又要添多少人命呢！

王姑婆

铁匠阿胡

是啊，前阵子有人告和州参军郭景祥的儿子弑父，陛下一听就火了，要把郭景祥的儿子抓来杀掉，幸好有皇后劝他，说郭景祥就只有这一个儿子，应该把事情弄清楚再说。后来陛下派人一查，发现果然是有人诬告。

还有严州将领李文忠，有人告他违反军纪，陛下听后要把李文忠抓回来问罪，也幸好有皇后劝他，说严州是军事要地，不能轻易更换将领，更何况李文忠这个人的名声很好，一定是有人陷害他。陛下听了，就没找李文忠的麻烦，后来李文忠还立下了大功呢！

茶馆小二

某布贩

还有，吴兴有一个叫沈富的财主，他非常爱国，听说应天府要修城墙，一口气捐了三分之一的经费，还想出钱犒赏军士。陛下知道后很不高兴，说一个小老百姓也敢犒赏军队，这是想造反，应该杀掉才对！皇后就劝他，说法律是诛杀不法之徒的，但不是用来杀不祥之人的。沈富富可敌国，有造反的可能性，但又没有行动，不应该按造反罪处置。陛下这才没有杀掉沈富，只把他发配到云南充军了。

叱咤风云 CHIZHA FENGYUN

马皇后为什么拒绝看大夫?

公元1382年,马皇后生了一场重病,朱元璋请来全国最好的大夫给她医治,但却被她拒绝了,这是为什么呢?

原来,马皇后心里明白自己活不了多久了,她怕自己死后,朱元璋拿大夫们出气。

马皇后临终前,朱元璋拉着她的手,流着眼泪问:"你还有什么话要说吗?"

CHIZHA FENGYUN 叱咤风云

马皇后说:"愿陛下成为一代明君,子孙贤良有德,百姓们都能过上安居乐业的好日子。"

听了这话,朱元璋扑到床上痛哭不已。

马皇后去世后,朱元璋感叹说:"家有良妻,就如同国有良相啊!"从这以后,朱元璋便再没有立过皇后。于是,马皇后就成了朱元璋唯一的皇后。

不仅朱元璋深深地怀念着马皇后,宫女们也很怀念她,还为她写了一首歌:

我后仁慈,化性家邦。抚我育我,怀德难忘。

怀德难忘,于斯万年。毖(bì)彼下泉,悠悠苍天。

大概意思是:我们的皇后是多么仁慈啊,于国于家都有重大贡献,她像母亲一样抚养我们,教化我们,她对我们的恩德让我们终生难忘。我们将永远怀念她。

嘻哈园 XIHA YUAN

大脚皇后背丈夫，"救"儿子一命

马皇后死后，朱元璋悲痛不已，脾气也变得更加古怪，动不动就杀人。太子朱标劝他说："陛下杀的人太多了，恐怕有伤和气。"

朱元璋不说话，第二天将太子朱标叫来，将一根带刺的木棍丢在地上，说："捡起来。"

朱标很为难。

朱元璋说："看吧，你不敢捡吧。假如我帮你除掉上面的刺，你是不是就可以捡起来了？我今天杀的全是一些将来会对你不利的人，这难道不好吗？"

谁知朱标听了，不但不感激，反而"砰砰砰"地在地上磕起头来："上有尧舜之君，下有尧舜之民。"意思是说，君主仁慈，百姓就善良；君主残暴，百姓同样恶毒。

> 父皇还是少杀些人为好！

> 混账！我杀的都是对你不利之人。

叱咤风云 CHIZHA FENGYUN

朱元璋火冒三丈，他抽出屁股下的椅子朝朱标扔去。朱标拔腿就跑，朱元璋在后面紧追不舍。

朱标眼看跑不了了，把手伸进怀里，将一幅画像丢到地上，朱元璋捡起来一看，上面画的是马皇后背他的场景。

原来，在朱元璋和陈友谅打仗那会儿，有一次朱元璋受了重伤，而汉军在后面紧追不舍，眼看要追上了，就在这时，马皇后冲出来背起朱元璋就跑。关键时刻，马皇后的一双大脚发挥了威力，只见她背着朱元璋健步如飞，很快就把汉军甩开了。

看到这幅画，朱元璋悲从中来，号啕大哭，再也顾不上追打儿子，朱标侥幸逃过了"一劫"。

呜呜……我亲爱的马皇后呀！

CHIZHA FENGYUN 叱咤风云

皇帝驾崩了

公元1398年五月初十，皇宫里传来一个噩耗，皇上朱元璋驾崩了！听到这个消息，本报记者沉默了良久。回想往事，一切都历历在目，从当初不名一文的乞丐和尚，到鄱阳湖上浴血奋战的大元帅，再到拥有生杀大权的冷酷帝王，朱元璋这一生真可谓是要多传奇有多传奇，要多精彩有多精彩。

不过，和早年的意气风发比起来，朱元璋的晚年是不幸的，身边的亲人一个接一个离他而去，先是马皇后病死，朱元璋悲痛了很久，并且一生都在怀念她。接着皇太子朱标病死，这对朱元璋来说也不亚于天塌了一般。

据说，太子朱标去世后的第三天，朱元璋召集群臣说："我已经老了，本来想把江山交给太子，却想不到太子比我先去了，这都是命啊！"说完号啕大哭，怎么劝都劝不住。

接着，朱元璋生了一场大病，好不容易抢救过来，身体却虚弱得一塌糊涂，从此大病小病不断。

叱咤风云 CHIZHA FENGYUN

公元1397年秋天，朱元璋又病倒了，一开始，病得不是很重，还能下地走走。皇太孙朱允炆来看他，他还给孙儿传授治国的方法。然而到了冬天，不幸再一次降临，先是二儿子秦王朱樉（shuǎng）病死，接着，三儿子晋王朱棡（gāng）也病死了。这一连串的打击，彻底将这位年近七十的老人击垮了。

朱元璋的病情陡然加重，这时的他不仅情绪低落，还要时刻防范燕王朱棣。因为朱棣是他所有儿子中能力最强、野心最大的一个，而现在大皇子朱标，二皇子朱樉，三皇子朱棡都相继病死了，剩下的四皇子朱棣就成了朱元璋的"长子"，有了继承皇位的资格。

朱元璋怕自己死后，朱棣会对朱允炆不利，就给燕王下了一道手谕，告诫他要安分守己，扎根边疆，没事少回京城，要像当初周公辅佐成王一样辅佐新帝，切记切记！接着，又下旨让齐泰和黄子澄辅佐新帝。

就这样，在最后的日子里，朱元璋依然殚精竭虑，安排着一件又一件事。

终于，公元1398年五月初十，朱元璋在发布遗诏后咽下了最后一口气。七天后，皇太孙朱允炆即位，他将爷爷葬在孝陵，庙号"太祖"。一个从乞丐到皇帝的传奇故事，就这样画上了句号。

可怕的殉葬制度

穿穿老师：

您好。自从马皇后去世后，陛下的脾气变得更暴躁了，动不动就杀人，我们每天过得胆战心惊的，生怕他一个不顺心，就把我们统统杀掉。

如今陛下死了，我们原本以为杀人的事儿也就到此为止了，可有一件事是我们万万没想到的，陛下临死前竟然下令，让没有生过孩子的妃子都给他陪葬！

陛下一共有四十位妃子，其中有三十八位都要给他陪葬，她们大多都很年轻，还有很长的路要走，可陛下的一道命令，将她们所有的希望都葬送了。很多妃子不想死，在宫里又哭又喊，可最后还是在太监的逼迫下上吊自杀了，那场面真是太凄惨了。

我有点想不明白，为什么唐宋时期没有妃子殉葬的规矩，到了我们大明朝就变了呢？

宫女小月

小月：

你好，据我所知，唐宋时期的确没有活人殉葬制度，要说活人殉葬，那得追溯到秦始皇时期，打那以后，我们的老祖宗就基本不用活人殉葬了，因为实在是太残忍了。

陛下之所以又把这套残忍的制度翻出来，大概是想一直都有人陪伴吧。但不论怎样，我们是坚决不赞成采用这种制度的，可我们也无能为力，但愿之后的皇帝不要向他学习吧。

《穿越报》编辑 穿穿

文化广场 WENHUA GUANGCHANG

"露马脚"的由来

最近,应天府的街头巷尾流传着一个词——露马脚。不论是普通百姓,还是皇家贵族,大家动不动就说:"哈,你露马脚了!"

奇怪,这个词怎么这么流行呢?本报记者一打听,发现这事儿原来与马皇后有关。

在这个以小脚为美的时代,作为母仪天下的皇后却有一双大脚丫,这事儿传出去未免有些丢人,于是马皇后平时总是小心翼翼地用长长的衣摆把脚遮起来,不让人发现她的秘密。

前些日子,马皇后在宫里待得闷了,便想出来逛逛,于是叫人准备了轿辇。轿子从皇宫出发,刚走到街头,一阵大风刮来,呼的一声就把轿帘掀开了,又呼的一声把马皇后的裙摆吹了起来,一双大脚露了出来。

周围的百姓一看都惊呆了:哇,好大的脚!

马皇后脸一红,赶紧把脚缩回去,可是已经迟了。据说,当时亲眼目睹马皇后那双大脚的人,少说也有二三十个。

很快,"马皇后有一双大脚"的秘密就传遍了大街小巷,而"露马脚"这个词也流行开来。要是谁有秘密不小心被人发现,或是做事露出了破绽,大家就会说:"哈,你露马脚了!"

名人有约

MINGREN YOU YUE

越越 大嘴记者

马皇后 特约嘉宾

嘉宾简介：她是历史上鼎鼎有名的大脚皇后，也是朱元璋唯一的皇后。她善良、贤惠、忠贞，不论贫贱还是富贵，都始终陪伴在朱元璋左右。他们一同走过最艰苦的岁月，又一同享受富贵荣华。他们伉俪情深，夫唱妇随，为天下的夫妻们树立了一个好榜样。

越　越：皇后您好。大家都说，如果没有您的劝谏，陛下要多杀好多人呢！

马皇后：陛下脾气不好，我作为皇后，多劝劝他是应该的。

越　越：只怕当今世上，陛下也只听您一个人的劝了。

马皇后：我跟陛下是患难与共的夫妻嘛。

越　越：是啊，当初陛下打江山那会儿，您跟着他吃了很多苦吧？

马皇后：是啊，不过我一点都不后悔。不一起吃苦，又怎能一起享福呢？

越　越：能举个例子吗？

马皇后：那会儿陛下还在我义父郭子兴手下办事，义父有两个儿子，他们嫉妒陛下军功显赫，就诬陷陛下图谋反叛。义父听信谗言，把陛下关了起来，他儿子却想趁机除掉陛下，吩咐下人不给陛下饭吃。我急坏了，就跑到厨房烙了几张饼，正准备给陛下送去，这时义母来了。我怕义母发现，赶紧把饼藏进怀里，刚做好的饼十分烫，那饼把我的皮肤都烫起泡了。

越　越：啊，那后来呢？

马皇后：后来义母发现我神色不对，就问我怎么了，我只好把饼取出来，将事情的经过说了一遍。还好义母不仅没有责怪

名人有约 MINGREN YOU YUE

我，还帮我敷药，又叫人去给陛下送吃的，后来还在义父郭子兴面前替陛下说好话。这都多亏了她，陛下才被放出来。

越　越：您义母可真好。听说陛下登基后，多次想寻访您的亲人，给他们封官加赏，可都被您拒绝了，这是为什么呢？

马皇后：我的亲人又没有为国家做过什么贡献，如果仅仅因为我，就被封官加赏，我深感不安。再说了，他们与我失散多年，现在都不知流落何处，如果要找起来，免不了又要劳民伤财。

越　越：皇后果然是什么都为别人着想。对了，您跟陛下的感情这么好，陛下对您发过脾气吗？

马皇后：当然有了，有一次陛下心情不好，我正好去给他送汤羹，他喝了一口，发现汤凉了，气得把碗扔了出去，还砸到了我的耳朵。

越　越：啊，那您有没有受伤？

马皇后：一点小伤，没事的。

越　越：那您生气吗？

马皇后：不生气，他是皇帝嘛，日理万机，脾气大一点也正常。后来我又盛了一碗热汤给他。

越　越：皇后的脾气真好，难怪陛下那么喜欢您。对了，您跟宫里嫔妃的关系怎么样？

马皇后：很好呀，我们一起刺绣、纺织，打理宫中的日常事务，尽心尽力侍奉陛下，大家相处得都挺好的。

越　越：听说她们将您比作明德皇后（编者注：其是东汉有名的贤后）呢。

马皇后：是吗？那可真是太荣幸了（笑）。呀，时间不早了，我要去给陛下送饭食了。不好意思，越越，我得走了。

越　越：咦，陛下的饭食不是由宫女送吗？怎么还劳您亲自动手呢？

马皇后：你不知道，陛下现在贵为一国之君，不知有多少人想暗害他，所以他的饭食都由我亲自负责。

越　越：原来是这样，那好，不耽误您了，再见。

（本次采访于马皇后去世之前。）

广告铺

 为人才解除生活之忧

太学是全国人才汇聚之地，聚有千人。然而，太学生虽有生活补贴，但他们的妻子儿女却无生活来源。本宫征得陛下同意之后，现征集若干钱粮，特设多个红仓，专门用来储存粮食，以供太学生的妻子儿女。

马皇后

 遗　言

生老病死，一切都是命运的安排。本宫年过五十，身染重病，但不必祈祷祭祀，也不必请医生诊治，若一旦药物无效，让陛下降罪于医生就不好了。

我死之后，希望陛下能够任人唯贤，多多听取他人意见。若子孙都能以贤能治国，天下百姓也就有所依靠了。

马皇后

 重刑犯赦免令

朕让重刑犯筑造城墙，原本只是想给他们一个将功赎罪的机会，并没有考虑太多。幸好朕的皇后思虑周全，说这个方法虽然是对重刑犯的重大恩典，但这些犯人本身身体就很虚弱，若再加重劳役，恐怕免不了死亡。朕觉得皇后所言极是，现将这些犯人全部赦免。特此公告天下。

朱元璋

智者为王 ZHIZHE WEI WANG

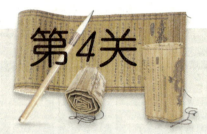

第4关

智者无敌 王者为大

1. 明朝最后一个丞相是谁?
2. 朱元璋为什么要废除丞相?
3. 李善长是怎么死的?
4. 李善长死后,谁为他申过冤?
5. 李善长有没有造过反?
6. 胡惟庸造反的下场是什么?
7. 明朝初期,朝廷中出现的两大派系分别是什么?
8. 朱元璋登基后,立谁为太子?
9. 朱标死后,朱元璋立谁为皇位继承者?
10. 蓝玉到底有没有造反?
11. 朱元璋为什么要杀蓝玉?
12. 蓝玉的结局是什么?
13. 朱元璋有没有设立过武举?
14. 朱允炆和朱标在性格上的共同点是什么?
15. "露马脚"是什么意思?
16. 在胡惟庸案中,是谁救了太子的老师宋濂一命?
17. 马皇后临终前为什么拒绝看大夫?

智者为王答案

第 1 关答案

1. 蒙古人。
2. 红巾军起义。
3. 因为他们头扎红巾,所以被人们称为"红巾军"。
4. 只有一只眼睛。
5. 人分四等,从高到低分别是蒙古人、色目人、汉人和女真人、南人。
6. 南宋统治下的汉人。
7. 因为他的家乡闹旱灾和瘟疫,家人几乎都死光了,他实在活不下去了,只好去当和尚。
8. 他们是同一个人。
9. 因为濠州的几位统率心胸狭隘、目光短浅,跟着他们没前途。
10. 郭子兴。
11. 没有,郭子兴的儿子郭天叙接任了元帅的职位。
12. 宋。
13. 南京市。
14. 是的,严明。
15. 罗贯中。
16. 施耐庵。

第 2 关答案

1. 最富裕的是张士诚,兵力最强的是陈友谅。
2. 不是,那只是张士诚的缓兵之计。
3. 私盐贩子。
4. 张士诚和元朝朝廷。
5. 汉。
6. 先打陈友谅,因为陈友谅志骄,张士诚器小,如果先打张士诚,陈友谅一定会掺和进来;先打陈友谅,张士诚一定不会救。
7. 应天府。
8. 朱元璋和陈友谅。
9. 陈友谅的水军厉害。
10. 鄱阳湖之战。
11. 火攻陈友谅战船。
12. 吴王。
13. 被朱元璋一直关到死。
14. 朱元璋疑心重。
15. 小明王的船在瓜步翻了,小明王被淹死了。
16. 公元1367年。

第❸关答案

1. 公元1368年。
2. 国号是大明，年号是洪武。
3. 公元1368年。
4. 陈友定。
5. 元顺帝。
6. 有的，一共举行了十六次科举考试。
7. 北元政权。
8. 李善长。
9. 是的。
10. 贪官。
11. 剥皮。
12. 主印官。
13. 可以。
14. 三万多人。
15. 朱元璋写的，是一本搜集了许多犯罪案例，用来告诫百姓和官员的书。

第❹关答案

1. 胡惟庸。
2. 为了集中皇权。
3. 被朱元璋杀了。
4. 解缙。
5. 没有。
6. 被诛九族，同党一万五千多人被杀。
7. 一个是以李善长为代表的淮西集团，另一个是以刘基为代表的浙东集团。
8. 朱标。
9. 朱标的儿子朱允炆。
10. 没有，是被朱元璋陷害的。
11. 蓝玉恃功而骄，朱元璋怕他将来对小皇帝不利。
12. 蓝玉被剥皮，诛三族，"同党"一万五千多人被杀。
13. 没有。
14. 温和、仁爱。
15. 指秘密被人发现，或是做事露出了破绽。
16. 马皇后。
17. 怕自己死后，朱元璋惩罚给她治病的大夫。

长知识啦！

朱元璋生平大事年表

时间	年龄	大事记
公元1328年	一岁	朱元璋于濠州钟离县出生了。
公元1344年	十七岁	淮北瘟疫,朱元璋的家人几乎无一幸存,他只好去皇觉寺当了和尚。
公元1352年	二十五岁	朱元璋投奔郭子兴,走上了造反的道路。
公元1356年	二十九岁	朱元璋攻下集庆,改名为应天府。
公元1363年	三十六岁	鄱阳湖之战,朱元璋消灭了陈友谅。
公元1364年	三十七岁	朱元璋自封为吴王。
公元1367年	四十岁	朱元璋派徐达攻克平江,干掉了张士诚。
公元1368年	四十一岁	朱元璋称帝,国号大明,年号洪武。
公元1370年	四十三岁	朱元璋论功行赏,赐爵功臣。
公元1376年	四十九岁	空印案爆发,朱元璋杀掉几百名官员。
公元1380年	五十三岁	胡惟庸谋反,朱元璋盛怒之下,杀掉一万五千多人。
公元1382年	五十五岁	马皇后病逝,朱元璋悲痛不已,终生不再立皇后。
公元1385年	五十八岁	郭桓贪污案,朱元璋杀掉三万多人。
公元1392年	六十五岁	太子朱标病逝,立朱标的儿子朱允炆为皇太孙。
公元1393年	六十六岁	蓝玉案爆发,朱元璋再次杀掉一万五千多人。
公元1398年	七十一岁	朱元璋病逝,庙号"太祖"。

图书在版编目(CIP)数据

乞丐天子朱元璋 / 彭凡著. —北京：化学工业出版社，2015.7（2024.11重印）

（历史穿越报）

ISBN 978-7-122-24211-2

Ⅰ.①乞… Ⅱ.①彭… Ⅲ.①朱元璋（1328-1398）-生平事迹-少年读物 Ⅳ.①K827=2

中国版本图书馆CIP数据核字（2015）第120547号

| 责任编辑：丁尚林　刘亚琦 | 装帧设计：尹琳琳 |

责任校对：程晓彤

出版发行：化学工业出版社（北京市东城区青年湖南街13号　邮政编码100011）
印　　装：天津裕同印刷有限公司
710mm×1000mm　1/16　印张12　2024年11月北京第1版第21次印刷

购书咨询：010-64518888　　售后服务：010-64518899
网　　址：http://www.cip.com.cn

凡购买本书，如有缺损质量问题，本社销售中心负责调换。

| 定　价：29.80元 | 版权所有　违者必究 |